책 읽는 시민이 답이다

**책 읽는 시민이 답이다**
서울야외도서관을 통한 도서관 혁신 이야기

2025년 9월 22일 초판 1쇄 인쇄
2025년 10월 2일 초판 1쇄 펴냄

| | |
|---|---|
| 지은이 | 오지은 |
| 책임편집 | 이희원 |
| 단행본사업본부 | 윤다혜 조자양 |
| 편집위원 | 최연희 |
| 경영지원본부 | 나연희 주광근 오민정 정민희 김수아 |
| 마케팅본부 | 윤영채 정하연 안은지 박찬수 염승연 |
| 디자인 | 이수경 |
| 인쇄 | 영신사 |
| 펴낸이 | 윤철호 |
| 펴낸곳 | (주)사회평론 |
| 등록번호 | 10-876호(1993년 10월 6일) |
| 전화 | 02-326-1182 |
| 주소 | 서울시 마포구 월드컵북로6길 56 사평빌딩 |
| 이메일 | editor@sapyoung.com |

ⓒ 오지은, 2025
ISBN 979-11-6273-397-4 03020

책값은 뒤표지에 있습니다.
사전 동의 없는 무단 전재 및 복제를 금합니다.
잘못 만들어진 책은 구입하신 서점에서 바꾸어 드립니다.

# 책 읽는 시민이 답이다

**오지은**
서울도서관장
공공도서관협의회장

서울야외도서관을 통한
도서관 혁신 이야기

사회평론

# 들어가며

저는 1994년 대학을 졸업한 뒤 2025년 현재까지 31년째 현장 사서로 근무하고 있습니다. 서울도서관장으로 취임한 2022년 그해 4월 23일 세계 책의 날에 시작된 서울야외도서관 사업이 어느덧 4년이 되어갑니다. 국내는 물론 전 세계에서 처음으로 '건물 없는 도서관'을 시도한 서울야외도서관은 현재 시민들에게 많은 사랑을 받으며 서울시의 명소로 자리 잡았습니다. 여타 도서관 및 지방자치단체는 물론 해외에서도 이를 새로운 공공도서관 서비스 모델로 주목하고 있습니다.

혹자는 서울야외도서관이 보여주기식 혹은 단발성 이벤트에 불과하다고 평가합니다. 이에 서울야외도서관이 추구하는 가치와 구체적인 운영 내용을 보다 널리 알릴 필요성을 느꼈습니다. 무엇보다 먼저 서울야외도서관을 이용하는 시민들의 이해를 돕고, 이와 같은 모델을 고민하는 많은 지방자치단체와 도서관 관계자들에게 참고가 될 수 있도록, 서울야외도서관의 기본 철학과 개념을 담은 책을 쓰기로 결심했습니다.

그동안 벤치마킹과 견학 문의가 쇄도하여 여러 차례 도서관 관계자를 대상으로 설명회를 열었지만, 더 많은 사람들에게 서울야외도서관이 보여주는 공공도서관 서비스의 혁신, 지속가능성을 위한 실험과 도전을 알리고자 합니다. 나아가 서울야외도서관을 향한 관심이 점점 커지고 있는 해외에도 이 경험을 나누고 싶습니다. 이 책을 통해 우리 삶과 밀접하게 연결된 도서관의 의미를 다시 한번 생각해보는 것도 좋겠습니다.

이 책은 엄밀한 데이터를 바탕으로 가설을 세우고 검증하는 학술 논문이 아닙니다. 서울야외도서관을 기획하고 운영하면서 도서관에 대해 품었던 저의 여러 생각과 경험을 솔직하게 풀어낸 글입니다. 그렇기에 자연스럽게 도서관 전반에 대한 개인적인 견해와 감상도 담았습니다. 사실 다양한 독자분들께 서울야외도서관을 쉽고 재미있게 소개하는 일은 저에게도 낯선 도전이었습니다. 그동안 주로 논문 형식의 글을 써왔기에, 이렇게 자유로운 글쓰기는 익숙하지 않았습니다. 하지만 저는 언제나 새로운 도전 앞에서 가슴이 뛰는 사람인지라 이번에도 용기를 내었습니다. 이 책이 도서관과 독서문화에 대해 함께 고민해보는 계기가 되었으면 합니다.

오늘날 도서관은 관종을 불문하고 존속 가능성 자체가 위협받는 큰 위기에 직면해 있습니다. 급격하게 진행되는 디지털 전환(DX: Digital Transformation)과 생성형 인공지능 사용의 일상화는 도서관을 포함한 독서문화 생태계 전반을 근본적으로 흔들고 있습니다. 전통적으로 도서관의 3요소는 자원, 서비스, 이용자이며 도서관 자원의 3요소는 책, 건물, 사서라고 합니다. 그런데 2019년 앤드류 콕스(Andrew M. Cox)는 「인공지능이 학술·전문도서관에 미칠 잠재적 영향에 대한 연구」에서 책, 건물 그리고 사서가 없는 새로운 개념의 '인텔리전트 도서관(Intelligent Library)'을 예고했고 이는 점차 현실이 되어가고 있습니다. 대한민국의 전문도서관은 2007년 이후 20% 이상 문을 닫았고, 2025년 3월 26일, 116년의 역사를 가진 세계전문도서관협의회(SLA: Special Libraries Association)는 해체를 선언했습니다. 더 이상 도서관의 미래를 당연하게 여겨서는 안 됩니다.

미국에서는 브루클린 공공도서관, 뉴욕 공공도서관, 퀸스 공공도서관 등을 포함하는 뉴욕시 공공도서관의 2025년 예산을 5,830만 달러나 삭감하자는 안이 제기되었습니다. 2015년, 뉴욕 시민들이 공공도서관의 주 6일 이상 운영을 요구하는 캠페인을 벌인 이후 최소 주 6일 운영이 사실상 표준으로 자리 잡아왔습니다. 그러나 이번 예산 삭감으로 인해 자료 구입, 프로그램 운영, 건물 유지·보수 등 도서관 운영 전반에 걸쳐 비용을 대폭 줄여야 하는 위기에 봉착했습니다. 이에 대부분의 도서관은 운영일을 축소해야 하는 상황에 놓였습니다. 상대적으로 이용률이 저조한 지역 도서관 분관들의 리모델링과 재개장 계획도 무기한 연기되었으며, 인력 배치도 어려워졌습니다.

뉴욕 시민들은 공공도서관에 대한 투자를 지지하는

단체인 〈인베스트 인 라이브러리스(Invest in Libraries)〉와 함께 브루클린 공공도서관, 뉴욕 공공도서관, 퀸스 공공도서관의 캠페인 페이지를 통해 선출직 공무원에게 온라인 서한을 보내기 시작했습니다. 이 캠페인을 통해 뉴욕시 전역에서 총 17만 4,000통의 도서관 지지 편지가 시청으로 전달되었고, 도서관의 중요성을 담은 포스트잇 메시지도 1,000장 넘게 모였습니다. 시민들은 SNS에서도 '공공도서관을 지지합니다'라는 메시지를 외치며 홍보 콘텐츠를 적극적으로 공유했습니다. 특히 2024년 6월 12일 행동의 날에는 #도서관예산삭감반대(#NoCutsToLibraries) 캠페인이 전국으로 확산되었습니다.

이는 도서관에 대한 단순한 지지를 넘어 뉴욕 시민들이 공공도서관을 마땅히 누릴 권리가 있다는 사실을 강력히 보여준 사건입니다. 그 결과 모든 공공도서관에서 지난 10년간 지속해온 주 7일 도서관 서비스를 유지할 수 있게 되었습니다. 그럼에도 공공도서관 예산은 사실상 동결된 상태이기에 유지보수, 자료 및 기술 관련 비용의 증가를 감당하지 못하는 상황은 계속되고 있습니다. 뉴욕 시민들은 공공도서관에 대한 투자는 뉴욕 시민을 위한 투자이자, 더 나은 뉴욕시를 위한 투자라며 지금도 인베스트 인 라이브러리스 사이트를 통해 정책 결정자들에게 투자 요구 메시지를 보내고 있습니다.

여러 노력에도 불구하고 최근 미국의 트럼프 대통령은

1996년 설립되어 미국 내 도서관, 박물관에 예산을 지원해온 박물관 및 도서관 서비스 기구(IMLS: Institute of Museum and Library Services)의 예산을 감축하는 행정명령에 서명했습니다. 이는 공공재로서 도서관의 존재 자체가 위협받고 있는 현실을 상징적으로 보여주는 또 다른 사례입니다.

지금 세계는 소위 글로벌 사우스의 급속한 성장으로 인해 미국 중심의 일극 체제에서 다극 체제로의 전환을 겪고 있으며, 지정학적 불안정성이 심화되고 있습니다. 동시에 기후위기 같은 전 지구적 위험 등이 겹치면서 공공도서관과 같은 공동체 기반의 문화 인프라에 대한 지원도 위협받고 있습니다. 오늘날은 누구도 언제 어떤 형태의 위기가 닥쳐올지 예측할 수 없는 시대입니다.

저는 이러한 거대한 변화의 흐름 속에서, 공공재로서의 공공도서관이 커뮤니티 플랫폼으로 새롭게 거듭나지 않으면 생존할 수 없다고 생각합니다. 이제 도서관은 함께 살아가는 데 필요한 다양한 경험과 교류의 공간으로 재편되어야 합니다. 이용자와 지역 커뮤니티 사이의 더 깊은 관계 맺기, 그리고 확장된 연대가 필수적입니다. 이는 도서관의 진정한 주인인 시민들의 깊은 이해와 지지 없이는 절대 불가능합니다.

서울야외도서관은 이러한 문제의식을 가지고 공동체 구성원과 밀접한 관계를 통해 커뮤니티 플랫폼으로 자리매김하고자 합니다. 이는 공공도서관 서비스의 지속가능성을 강화하기 위해 제안하는 혁신 모델입니다. 이 책을 계기로 서울야외도서관이 정권 및 행정주체의 변화와 무관하게 시민의 일상 속 중요한 공공의 공간으로 자리 잡아 지속성과 연속성을 담보하며 꾸준히 사랑받기를 기대합니다.

서울야외도서관의 성공적인 운영을 위해서는 다양한 서울도서관 외부와의 협업이 필수적입니다. 이를 위해 서울시의 최고 리더인 시장과 관련 부서뿐만 아니라 예산 확정권을 가진 서울시의회, 그리고 다양한 분야에 있어서 전문가들의 이해와 지원이 절실합니다. 그리고 무엇보다 중요한 것은 서울도서관 직원들의 깊은 이해와 열정입니다. 서울야외도서관이 서울시와 시민들의 관심 속에 본격적으로 등장한 지금, 그 누구보다 중심에 서 있는 서울도서관 직원들의 역할이야말로 성공의 가장 결정적인 열쇠입니다.

대한민국 도서관의 더 큰 발전을 바라는 마음으로 다소 논쟁적인 비판과 문제 제기를 이 책에 담았지만 지금까지 도서관 현장 관계자, 정책 당국, 학계, 그리고 산업 종사자들이 기울여온 노력은 결코 작지 않음을 잘 알고 있습니다. 도서관 관계자들의 이러한 노력 덕에 대한민국의 도서관 모델과 산업이 K-Library라는 이름으로 세계에 진출할 수 있는 기반이 마련되었습니다. 이 책에서 소개하는 서울야외도서관의 도전적인 가치가 대한민국 전역을 넘어 해외까지 닿아 K-Library의 세계화에 작게나마 도움이 되었으면 합니다.

## 차례

들어가며 ·············································································· 5

### 1. 도서관의 역사와 현재, 그리고 다가오는 미래

도서관의 역사 ································································ 16
   서양의 도서관 ····························································· 16
   중국의 도서관 ····························································· 20
   대한민국의 도서관 ······················································· 22

공공도서관이 마주하고 있는 도전들 ································ 27
   사회 변화와 새로운 도전들 ·········································· 27
   책과 사서, 도서관 건물이 없는 인텔리전트 도서관의 도래 ········ 31

대한민국 도서관 생태계의 현실 ······································· 37
   도서관 현황 ································································ 37
   사서 현황 ··································································· 40
   사서 배출 규모와 시스템 ············································· 46
   문헌정보학 커리큘럼 ··················································· 48
   한국도서관협회와 사서단체 ·········································· 51

공공도서관의 지속가능성을 위한 전략 ···························· 55
   도전에 대응하기 위한 공공도서관의 전략 ···················· 55
   도전에 대응하기 위한 사서의 전략 ······························ 58

## 2. 책과 사람, 공간의 재해석 — 서울야외도서관의 실험

광진정보도서관에서 시작된 도전 ········ 66
    독서동아리 인큐베이팅 ········ 68
    도시농업학교 ········ 70

왜 서울도서관을 밖으로 끌어냈나? ········ 73
    도서관 혁신을 위해 서울도서관장에 도전 ········ 73
    서울야외도서관, 4가지 핵심 실험 ········ 76

서울야외도서관이란 무엇인가? ········ 98
    서울야외도서관은 '도서관'이다 ········ 98
    서울야외도서관은 '공공'도서관이다 ········ 106
    서울야외도서관은 '야외'도서관이다 ········ 115
    서울야외도서관은 '서울'의 도서관이다 ········ 122

## 3. 서울야외도서관이 추구하는 가치들

차별화된 경험과 새로운 독서문화 ········ 130
도서관이 제공하는 행정 및 서비스 혁신 ········ 140
지속가능한 서비스를 위한 전략 ········ 147
서울야외도서관의 브랜드 경영 ········ 152

## 4. 공공도서관 혁신을 위한 도전 — 서울야외도서관의 성과

### 개념 정립과 5개년 계획의 설계 · 162
- 서울광장에서 책을 읽는다는 것 · 162
- 도서관 건물을 넘어선, 건물 없는 도서관 · 163
- 서울야외도서관을 통한 공공도서관 혁신의 실험 · 164
- 5개년 계획으로 도전한 서울야외도서관 · 165

### 서울야외도서관, 4년간의 발자취 · 167
- 2022년 서울야외도서관: 서울야외도서관의 시작 · 167
- 2023년 서울야외도서관: 본격적인 '건물 없는 도서관' · 171
- 2024년 서울야외도서관: 서울야외도서관 브랜드 아이덴티티 도입 · 176
- 2025년 서울야외도서관: '힙독클럽' 출범, 시대적 흐름에 반응하는 도서관 · 181
- 힙독클럽(Hip+讀+클럽) · 186
- 서울야외도서관의 성과: 서울야외도서관 4년의 수상 기록 · 194

### 서울야외도서관 공간이 가진 이름과 의미 · 198
- 책읽는 서울광장 · 198
- 광화문 책마당 · 201
- 책읽는 맑은냇가 · 204

### 지속가능성을 위한 제도적 고민 · 207

### 다 풀어놓지 못한 주제들 · 213
- 공공특화도서관 · 213
- 도서관 산업 개념의 도입 · 221

## 글을 마치며 ··················································· 231

독서문화 진흥 정책의 중요성 ························· 231
우리 민족의 독서 전통, 독서당 ······················· 235
책 읽는 시민이 답이다! ·································· 236
Reading Seoul, Leading Seoul! ····················· 239
'Reading Korea, Leading Korea!' 프로젝트 ········ 240


그림 출처/참고 자료 ············································ 242

# 1
## 도서관의 역사와 현재, 그리고 다가오는 미래

# 도서관의 역사

본격적인 이야기에 앞서 도서관이라는 공간의 본질과 의미부터 되짚어보려고 합니다. 인류가 문자 체계를 발명한 순간부터 사람들은 기록을 통해 문명과 자취, 사상과 문화를 후대에 전달해왔으며 이로써 역사 시대를 맞이했습니다. 그리고 이러한 기록들을 보관하고 관리하는 장소가 바로 도서관입니다. 도서관의 사명과 역할은 시대의 흐름에 따라 끊임없이 변화해왔으며, 정보의 저장 방식뿐만 아니라 그 정보를 다루는 사서의 역할 또한 함께 진화해왔습니다.

## 서양의 도서관

서양의 도서관 역사는 고대까지 거슬러 올라갑니다. 현재까지 발견된 가장 오래된 도서관은 시리아 알레포에서 남서쪽으로 약 53km 떨어진 메소포타미아 지역 고대 도시국가, 에블라(Ebla)의 궁전 문서보관소입니다. 기원전 2300년에서 2250년경 화재로 파괴된 이곳에서 약 4,000점에 이르는 점토 서판 파편이 발견되면서, 인류 최초의 도서관으로 인정받았습니다. 고대 도서관은 단순히 기록을 보관하는 장소였으며, 메소포타미아뿐 아니라

이집트, 그리스, 로마 등 고대 문명 전반에 걸쳐 존재했습니다. 당시 도서관은 종종 개인 소유물이거나 종교기관으로서 통치자의 권위 아래 관리되었으며 일반인의 접근은 매우 제한적이었습니다. 지배계급의 권력 유지를 위한 도구와 개인 권위의 상징이었던 고대의 도서관에서 사서는 일부 계층에게 지식을 전달하고 보존하는 필경사로 존재했습니다.

 중세 시대의 도서관은 수도원과 대학을 중심으로 필사본 자료를 보관하고 기독교를 전파하는 공간으로서 주로 종교인, 학자, 귀족 등 특정 계층만 접근할 수 있었습니다. 사서 또한 기독교 유일신 사상을 확산하는 사제 및 필경사로 역할 했습니다. 그러다 15세기에 요하네스 구텐베르크(Johannes Gutenberg)가 서양 최초로 금속활자를 개발하고 인쇄술을 도입하면서 지식 유통에 혁명적인 변화가 일어났습니다. 도서관은 종교기관의 울타리를 넘어 확장되었고 일부 개인의 장서도 대중이 더욱 쉽게 접근할 수 있는 형태로 변화하기 시작했습니다.

 17세기와 18세기 계몽주의 시대에 이르러 도서관은 지식과 진보의 상징으로 자리매김하며 공공도서관이라는 개념이 본격적으로 등장하기 시작했습니다. 당시 프랑스 파리에 위치한 마자랭 도서관(Bibliothèque Mazarine)이나 영국 옥스퍼드의 보들리안 도서관(Bodleian Library) 등은 완전히 자유로운 접근을 허용하지는 않았으나 점차 더 많은 대중에게 문을 여는 공간으로 변화해갔습니다. 이 시기를 거치며 도서관은 시민 교육과 사회 진보를 위한 중요한 공공자산으로 인식되기 시작했습니다.

즉, 근대 도서관은 르네상스로 인한 새로운 인간 중심 사상, 과학혁명 및 산업혁명을 토대로 한 합리주의와 자본주의, 그리고 민주주의 혁명에 의한 자유와 평등사상이 전개되는 사회의 변화 속에서 지식이 보편화되는 공간이었습니다. 이에 따라 사서도 과학자, 철학자, 의사, 정치가와 같이 다양한 가치를 가지게 되었습니다.

19세기는 공공도서관 서비스가 본격적으로 확장된 시기였습니다. 당시 사회개혁운동과 함께 문해력에 대한 관심이 확산하면서 대중의 지식 욕구가 급격히 증가하였고, 이에 따라 지역사회 곳곳에 풀뿌리 도서관들이 등장하기 시작했습니다. 1731년 벤저민 프랭클린(Benjamin Franklin)이 설립한 필라델피아 도서관조합(Library Company of Philadelphia)은 회원제로 운영된 최초의 도서관으로, 공공도서관 탄생에 중요한 이정표가 되었습니다. 이후 1852년에는 미국 최초의 무료 시립도서관으로 인정받는 보스턴 공공도서관이 설립되면서 책과 정보에 접근할 수 있는 문턱이 더욱 낮아졌습니다. 미국의 교육행정가 호러스 맨(Horace Mann)은 무상교육과 무상도서관을 민주주의의 기초로 보았고, 도서관을 기반으로 한 시민교육을 통해 민주주의의 이상을 실현하고자 노력한 바 있습니다. 이러한 움직임은 공공도서관이 단순한 지식 저장소를 넘어 사회 전체의 교육과 참여를 촉진하는 공공기관으로 자리 잡는 데 큰 영향을 미쳤습니다.

19세기 말과 20세기 초에는 자선사업가 앤드루 카네기(Andrew Carnegie)가 전 세계 도서관 발전에 중추적인 역할을 했습니다. 그는 지방정부가 운영비를 책임지고 모든 시민에게 도서관을 무료로 개방한다는 조건으로, 미국과 영국을 비롯한 여러 지역에 수천 개의 도서관 건립을 지원했습니다. 이러한 지원은 공공도서관의 보편화와 대중화를 촉진하는 데 결정적인 영향을 미쳤으며 공공도서관이 지역사회의 중요한 교육 및 문화 기반 시설로 자리매김하는 데 크게 기여하였습니다.

20세기 전반에 이르러 공공도서관은 카드 카탈로그, 마이크로필름, 디지털 자원 등의 기술 발전에 유연하게 적응하면서 지속적으로 진화해왔습니다. 이 시기 미국도서관협회(ALA: American Library Association)는 도서관 서비스 확대와 함께 지적 자유를 보호하고 증진하는 중심 기관으로 활동했습니다.

21세기 들어 공공도서관은 디지털 기술을 적극 수용하며 전자책, 온라인 데이터베이스, 인터넷 접속 등의 서비스를 제공하게 되었습니다. 단순한 도서 대출을 넘어 지역사회 프로그램, 문해력 향상 프로그램, 직업훈련 등 다양한 공공서비스를 포괄하는 커뮤니티 허브로 그 역할을 확대해나가고 있습니다.

미국도서관협회에 따르면 현대의 공공도서관은 급변하는 세계화, 정보화, 과학기술화로 하나의 지구촌을 형성하고 있습니다. 더불어 다양성 시대에 새로운 지식의 안내, 평생교육과 커뮤니티 구축 및 강화를 통해 민주주의의 원칙과 표현·사상·양심의 자유를 포함한 지적 자유의 증진을 추구하는 공간으로 거듭나고 있습니다. 이러한 변화에 발맞춰 사서는 정보전문가, 커뮤니케이터 및 프로그램 촉진자(facilitator)로서 지역사회와의 연결을 주도하는 핵심 인물로 자리매김하고 있습니다.

이제 우리는 또 다른 전환점에 서 있습니다. 급속한 디지털 전환과 생성형 인공지능의 보편화로 공공도서관은 새로운 도전을 맞이하고 있으며, 도서관의 본질과 존재 방식에 대한 근본적인 재정의가 필요한 시점에 이르렀습니다.

## 중국의 도서관

중국은 일찍부터 종이와 인쇄술을 발명하고 발전시켜온 나라로, 중국 최초의 도서관에 대해서는 여러 가지 학설이 있습니다. 기원전 1600년까지 소급해 갑골문자의 발견에 주목하여 갑골문자 수집보관소를 그 기원으로 주장하는 학설이나, 주나라(기원전 1046년~기원전 256년) 시기 왕실의 문서와 서적을 보관·관리하며 지식 체계화를 시도한 비서감(秘書監)을 최초의 도서관으로 보는 학설이 있으며, 한무제(기원전 141년~기원전 87년 재위)가 서적을 체계적으로 수집하고 분류하여 국가도서관으로 만들어낸 천록각(天祿閣)을 최초의 도서관으로 보기도 합니다. 일반적으로 중국 최초의 도서관은 비서감, 체계적 시스템을 갖춘 도서관은 천록각으로 보고 있습니다.

    수나라의 비서성(秘書省)과 당나라의 홍문관(弘文館)에 이르러 국가도서관 체계가 완비되어 국가 차원에서 서적의 수집과 정리가 체계적으로 이루어졌고 이러한 시스템은 송나라의 숭문원(崇文院), 명나라의 문연각(文淵閣)과 청나라의 사고각(史庫閣)을 거쳐 지속되었습니다. 근대적 공공도서관의 시작은 청나라 말기인 1909년에 설립된 경사도서관(京師圖書館)으로, 현 중국 국가도서관의 전신이기도 합니다. 중화인민공화국 설립 후인 1950년대에는 「도서관법」 제정 등을 통해 전국 도서관 네트워크가 구축되었고, 1990년대에는 중국 국가디지털도서관 프로젝트가 이루어졌습니다. 2023년 기준 중국에는 약 3,300여 개의 공공도서관이 있고, 2025년 기준 전국 공공도서관 디지털 자원 총량은 1EB(1 exabyte=10의 18승 byte)에 이릅니다.

# 대한민국의 도서관

대한민국에서 문자의 사용 시기와 한자의 유입 시점에 대해서는 현재까지도 명확히 합의된 학설이 없습니다. 따라서 고대의 우리 도서관 역사를 논할 때에는 근대적 의미의 도서관 개념과는 다소 차이가 있음을 전제로 해야 합니다.

그럼에도 불구하고, 백린의 『한국 도서관사 연구』, 박문열의 「삼국시대의 도서관사에 관한 연구」, 송경진의 「다시 읽는 한국도서관사: I. 고대 한국사회와 도서관」 등을 종합해보면 대한민국 도서관의 기원은 기원전 108년부터 314년까지 존재한 한사군 설치 시기까지 거슬러 올라간다는 견해도 있습니다. 하지만 명확한 문헌 기록에 근거한 입장으로는 고구려 소수림왕 2년(372년)에 설립된 국립 교육기관 태학(太學)과 평민 자제를 교육하기 위한 사립 교육기관 경당(扃堂)을 도서관의 시초로 보는 것이 일반적입니다. 이는 상류층과 평민 모두를 위한 지식 교육 및 전승 공간이 제도적으로 정비되기 시작한 시점이기도 합니다.

이후 도서관 기능은 시대에 따라 다양한 기관을 통해 계승되어왔습니다. 통일신라시대의 비서성, 고려시대의 비서감, 조선시대의 집현전·홍문관·사고·규장각 등이 그 대표적인 예입니다. 이 기관들은 단순한 서적 보관소가 아니라 정책 연구, 학문 장려, 지식 보급을 담당하는 중요한 국가 지식 기관으로서의 성격을 띠고 있었습니다.

대한민국에서 도서관이라는 서양식 명칭이 공식적으로 사용된 첫 사례는 '대한도서관'입니다. 1906년 이범구, 이근상, 윤치호 등 뜻있는 인사들이 주도하여 도서관 설립 운동을 시작하였고, 1910년 대한제국 대신들의 회의에서 대한도서관의 확장을 결정하면서 국립도서관 성격을 갖추게 됩니다. 그러나 모든 준비를 마무리하고 개관을 앞둔 1910년 8월 29일, 한일합병늑약으로 국권을 상실하면서 개관이 무산되었습니다. 준비되어 있던 약 10만 권의 장서는 이후 조선총독부가 몰수해 총독부 부설 도서관으로 이관되고 말았습니다.

한편 대한민국 최초의 사립 공공도서관은 1906년 평양에서 진문옥, 곽용순, 김흥윤 등이 기금을 조성해 설립한 '대동서관'입니다. 대동서관은 일반인에게 무료로 개방된 최초의 공공도서관으로 평가받고 있으며 비록 규모는 작지만 무료 열람, 서적 출판과 지식 보급이라는 면에서 대한민국 도서관사에 매우 큰 의미를 지닌 이정표입니다.

대한민국에 서양식 공공도서관이 본격적으로 도입된 것은 안타깝게도 일본 제국주의 식민지 시기였습니다. 당시 도서관은 일본의 황국신민화 정책을 실현하는 도구로 활용되었으며 식민지 국민에게 일본의 국가 이데올로기와 문화를 주입하는 공간이었습니다. 즉, 도서관은 자유로운 정보와 지식의 공유보다는 통제된 정보와 지식을 제공하는 역할을 했습니다.

해방 및 한국전쟁 이후 교육과 사회 전반의 혼란 속에 공공도서관은 독서와 정보 공유, 토론과 학습의 장으로서 기능하지 못했습니다. 오히려 당시 전근대적 교육 체제에서는 도서관이 학생들의 공부방이나 자습실 정도로 여겨졌으며, 창의적 사고나 비판적 토론보다는 단순한 암기와 반복 학습을 위한 공간으로 제한되었습니다.

1960년부터 1980년대에 걸친 급격한 산업화와 경제성장 과정에서 교육은 주로 주입식 암기 위주로 진행되었고, 도서관 역시 산업 인재 양성을 위한 시험 준비 공간이라는 인식이 강했습니다. 이 시기 도서관은 제한적이고 수동적인 공부 공간의 역할에 머물러, 공공도서관이 본래 갖춰야 할 지식·문화 허브로서의 잠재력을 제대로 발휘하지 못했습니다. 당시 도서관에 대한 사회적 인식과 예산 지원이 매우 부족하여 시설과 자료의 확충이 더뎠다는 점도 도서관 발전에 한계로 작용했습니다. 여러 복합적인 요인들로 인해 도서관 서비스가 국민 전체로 확대되기 어려웠고 독서문화 진흥과 평생학습의 기반 조성에도 제약이 생겼습니다.

대한민국의 공공도서관은 식민지 통치의 산물로 시작하여 해방 이후에도 근대적인 도서관으로서의 정체성과 기능을 확립하는 데 오랜 시간이 걸렸습니다. 대한민국 공공도서관 운동의 효시로 평가받는 엄대섭 선생은 1951년 울산에서 자신의 책 3,000여 권으로 사립 무료 도서관을 열었고, 1955년에는 한국도서관협회 사무국장으로서 농어촌

마을문고 설치 운동을 적극 펼쳤습니다. 또한 1983년에는 대한도서관연구회를 조직하여 격월간 간행물 『오늘의 도서관』을 발행하며 공공도서관 운영 개선과 사회적 인식 제고, 시민들의 이용 의욕 고취를 목표로 활발히 활동하였습니다. 대한도서관연구회는 개가제 운영과 관외대출 실시 등 전문적이고 근대적인 도서관 운영 방식을 촉구하여 대한민국 공공도서관 발전의 중요한 토대를 마련하였습니다.

비교적 짧은 기간에 대한민국 공공도서관은 시설과 장비 그리고 공간 면에서 세계 어디에도 뒤지지 않을 정도로 획기적인 성장을 이뤘지만 도서관이 개인의 공부 공간이자 정적인 환경이라는 인식은 여전히 깊게 뿌리내리고 있습니다. 이러한 인식은 공공도서관이 본래 지향해야 할 독서, 정보 제공, 토론, 시민 교류의 공간으로서 발전하는 데 큰 걸림돌로 작용하고 있습니다. 이에 우리는 독서와 토론, 시민 참여가 활발한 커뮤니티 공간으로서 도서관의 역할을 더욱 강화해나가야 할 중요한 과제를 안고 있습니다.

동서양을 막론하고 공공도서관은 역사 속에서 민주주의와 지적 자유의 원칙을 구현해온 중요한 사회 기반 시설입니다. 공공도서관은 시대와 지역을 초월하여 교육, 정보 접근, 지역사회 참여를 위한 필수적인 공공기관으로 자리매김해왔으며 오늘날 전 세계의 공공도서관은 시민의 읽고 쓰는 능력 향상, 평생학습 지원, 다양한 문화적 경험과 교류의 장을 제공함으로써 시민이 자율적이고 주체적인 삶을 살아갈 수 있도록 지속적으로 돕고 있습니다.

# 공공도서관이 마주하고 있는 도전들

역사적으로 공공도서관이 계속해서 진화하고 그 사명이 변화하였듯이 현재의 공공도서관도 급속한 환경 변화에 따라 다음과 같은 여러 가지 도전을 마주하고 있습니다.

## 사회 변화와 새로운 도전들

① 형평성, 다양성, 포용성 강화

대한민국은 2024년 12월 23일을 기점으로 고령 인구가 전체 인구의 20%를 초과하는 초고령사회에 진입하였습니다. 이와 함께 저출생 문제도 불거지고 있으며, 국제결혼 증가 등으로 인한 문화적 다양성도 확대되고 있습니다. 2023년 기준 대한민국 초·중·고 이주 배경 학생 수는 181,178명으로 전체 학생 수의 3.5%에 달하며 이 중 초등학생이 115,639명, 국내 출생 아동이 129,910명으로 절대다수를 차지하고 있습니다. 이 수치는 앞으로 더욱 증가할 것으로 예상되며 이들에 대한 언어·문화적 접근성과 맞춤형 학습 자원 제공은 공공도서관이 풀어야 할 중요한 과제입니다.

인구구조의 변화는 도서관 이용자층의 구성에 직접적인

영향을 미칩니다. 공공도서관은 모든 이용자에게 정보와 자원에 대한 동등한 접근을 보장해야 하는 기관으로, 점점 다양해지고 있는 지역사회 구성원들의 요구에 민감하게 대응할 필요가 있습니다. 연령, 문화, 생활 방식의 다양성에 부응하는 맞춤형 서비스와 프로그램을 기획해야 합니다.

나아가 사회 전반에 걸친 갈등 양상의 심화는 공공도서관이 형평성, 다양성 그리고 포용성의 가치를 중심에 두고 서비스 방향을 재설계해야 할 필요성을 다시금 느끼게 합니다. 2025년 2월 한국보건사회연구원이 발표한 조사에 따르면 진보-보수 갈등(92.3%), 정규직-비정규직 갈등(82.2%), 노사갈등(79.1%), 빈부격차(78.0%), 대기업과 중소기업 갈등(71.8%) 등 다양한 사회 갈등이 시민들이 체감할 정도로 심각한 수준에 이르렀습니다. 다문화 갈등(54.1%), 성별 갈등(46.6%) 역시 공공도서관이 단순한 정보 제공을 넘어 사회적 통합과 시민 간의 이해 증진을 위한 공론장으로 기능해야 할 이유를 보여줍니다.

따라서 공공도서관은 다양한 배경을 가진 이용자들의 접근성을 높이고 소외 계층의 정보 격차를 해소할 수 있는 맞춤형 서비스와 프로그램 개발에 적극적으로 나서야 합니다. 나아가 지역사회 구성원 간 문화적 교류와 사회적 연대를 촉진하는 플랫폼으로 기능함으로써 형평성과 포용성을 기반으로 한 지속가능한 지역사회를 만드는 데 핵심적인 역할을 해야 합니다.

도서관은 이제 책을 읽고 지식을 얻는 공간을 넘어 세대와 계층, 문화적 배경이 다른 사람들이 자연스럽게 만나고 상호작용하며 소통하는 커뮤니티 허브로 기능해야 합니다. 이를 위해 공공도서관은 모든 연령과 배경을 가진 사람들에게 열린 경험의 장, 협력의 공간과 문화적 풍요를 나누는 무대를 제공해야 하며, 지역 주민들이 자발적으로 참여하고 함께 성장할 수 있는 시민 참여형 프로그램과 행사를 기획·운영할 필요가 있습니다. 독서모임, 문화예술 체험, 시민 교육, 생활밀착형 정보 제공 서비스 등을 통해 지역사회와 더 긴밀히 연결되는 과정은 사회적 고립을 해소하고 공동체 의식을 회복할 기회를 마련할 것입니다.

② 급속한 디지털 전환(DX)과 정보통신기술의 발전

정보 소비와 소통 방식이 빠르게 디지털 형식으로 전환됨에 따라 공공도서관은 서비스 제공 방식과 이용자와의 관계 설정에 있어서 중대한 변화를 맞이하고 있습니다. 디지털 기술에 익숙한 이용자들의 요구를 충족시키기 위해 공공도서관은 디지털 서비스 확대, 디지털 리터러시 프로그램 강화 그리고 디지털 자원에 대한 형평성 있는 접근 보장을 적극 추진해야 합니다. 특히 인공지능(AI), 가상현실(VR), 증강현실(AR) 등의 기술은 정보의 접근, 소비, 공유 방식에 있어 기존의 틀을 넘어서는 혁신적인 변화를 유도하고 있으며, 도서관은 이러한 첨단기술의 흐름에 민감하게 반응하며 서비스를 설계할 필요가 있습니다.

이러한 기술 변화는 단지 정보의 형태나 열람 방식의 변화에 그치지 않고 원격근무, 평생학습, 대체 교육모델의 증가와 맞물려 이용자의 학습 및 업무 패턴 자체에 변화를 주고 있습니다. 이에 따라 공공도서관은 변화하는 요구에 유연하게 대응하기 위해 온라인 학습 플랫폼 지원, 평생학습 계획과 연계된 콘텐츠 제공, 협업 공간 마련 및 협력 중심 환경 조성 등 더욱 능동적인 역할을 하여야 합니다. 디지털 전환은 공공도서관이 단순한 기술 수용을 넘어서 그 존재 이유와 운영 철학 자체를 새롭게 정립해야 할 시점임을 시사합니다.

③ 환경 지속가능성

환경문제와 기후위기에 대한 인식을 바탕으로 공공도서관은 지속가능한 관행을 채택하고 친환경적 정책과 관리를 촉진해야 합니다. 공공도서관은 녹색 건축 원칙을 통합하고, 탄소 발자국을 줄이며, 환경적 지속가능성에 대한 인식을 제고해 친환경 행동을 장려하는 자원 및 프로그램을 제공해야 합니다. 구체적인 내용은 뒤에서 자세히 설명드리겠습니다.

결국 공공도서관은 지식과 정보를 제공하는 공간을 넘어

삶의 질을 향상시키고 사람들 간의 관계를 회복하며 공동체 안에서 소속감을 느낄 수 있는 포괄적인 공공 공간으로 거듭나 지속가능한 사회통합의 기반을 마련해야 합니다. 지역사회 구성원의 요구와 기대에 민감하게 반응하는 살아 있는 플랫폼으로 꾸준히 진화해야 합니다. 공공도서관의 지속가능성은 지역사회와의 긴밀한 연대와 협력 속에서 형성되며 이를 위해 지역 특성에 맞춘 맞춤형 서비스 개발과 확산, 시민과의 활발한 상호작용을 바탕으로 한 커뮤니티 중심 운영 전략이 매우 중요합니다. 앞으로 공공도서관은 변화에 능동적으로 대응하는 수용자이자 창조자로서, 사회적 가치를 확산하고 공동체 구성원 간 연결을 촉진하는 공간의 의미를 더욱 확고히 다져야 할 것입니다.

## 책과 사서, 도서관 건물이 없는 인텔리전트 도서관의 도래

오늘날 공공도서관이 마주한 세 가지 주요 도전 가운데 가장 주목해야 할 변화는 급속한 디지털 전환과 더불어 인공지능의 등장이 가져오는 구조적 변화라고 생각합니다. 생성형 인공지능 기술은 공공도서관의 운영 방식은 물론 사서의 역할, 정보 접근 구조 전반에 큰 영향을 미치고 있습니다.

첫째, AI 기반 검색 알고리즘과 추천 시스템은 이용자가 필요한 자료를 보다 신속하고 효율적으로 찾을 수 있도록 도와 도서관 장서에 대한 접근성을 크게 높이고 사용자 만족도를 향상시킵니다. 둘째, AI는 개인별 독서 취향과 요구를 분석하여 맞춤형 독서 권장과 프로그램 제안을 제공함으로써 이용자 중심의 개인화 서비스를 가능하게 합니다. 셋째, 자연어 처리와 기계 학습 기술은 도서관 목록 작성이나 이용자 문의 처리와 같은 반복적 업무를 자동화하여 사서들이 보다 전문적이고 창의적인 업무에 집중할 수 있도록 지원합니다. 넷째, AI 기반 분석 도구는 이용자 행동 패턴과 인구통계학적 특성, 자료 사용 현황을 분석해 합리적인 의사결정과 자원 배분을 돕고, 서비스 품질을 높이는 데 기여합니다. 다섯째, 가상 비서와 챗봇 등의 AI 응용은 이용자에게 실시간 도움을 제공하고 셀프서비스를 촉진해, 공공도서관 서비스의 접근성과 응답성을 크게 향상시킵니다. 여섯째, AI는 희귀 원고, 역사적 문서, 멀티미디어 장서의 디지털화·목록화·보존 업무를 지원하여 장기적 보존과 활용을 보장합니다. 일곱째, 음성-문자 변환, 자동 자막 생성 등 AI 보조기술은 다양한 학습 스타일과 장애를 가진 이용자들의 접근성을 높여 포용적 도서관 환경 조성에 기여합니다. 여덟째, AI 예측 분석은 특정 자료에 대한 이용자 관심과 미래 수요를 예측해 컬렉션 개발을 효율적으로 안내하며, 도서관 장서가 커뮤니티 요구에 부응하도록 돕습니다. 아홉째, AI 기반 연결 알고리즘은 도서관 간 협력과 자원 공유를 촉진하여 상호 장서와 전문지식을 효과적으로 활용하는 식으로 정보 접근성을 확대합니다.

 AI가 도서관에 미치는 이러한 긍정적 효과에도 불구하고, 2017년 칼 프레이(Carl B. Frey)와 마이클 오스본(Michael M. Osborne)은 도서관 기술직군이 컴퓨터에 의해 대체될 가능성을 높게 보았으며, 사서조차도 65%의 대체 가능성이 있다고 예측하였습니다. 앞에서 소개한 2019년 앤드루 콕스(Andrew M. Cox) 등도 학술도서관 분야의 리더 33인을 인터뷰한 뒤, 인공지능이 학술도서관에 미칠 광범위하고 깊은 영향을 경고한 바 있습니다. 그들은 인텔리전트 도서관이라는 개념을 제시하며 가까운 미래에 기존의 학술도서관은 우리가 익숙한 형태로 존재하지 않고, 완전히 새로운 패러다임으로 전환될 거라 주장했습니다. 이 인텔리전트 도서관에서는 도서관 자원의 세 가지 핵심 요소인 '책(book), 건물(building), 사서(librarian)'가 인공지능 기술에 의해 전면적으로 재편됩니다. 책은 더 이상 전통적인 인쇄물이 아니라 디지털 형태로 존재하게 되고, 물리적인 도서관 공간은 클라우드 기반의 디지털 저장 공간으로 대체되며, 전통적인 사서는 AI 기반의 디지털 사서로 전환됩니다. 이에 따라 책과 도서관 건물, 사서를 매개로 작동하던 기존 도서관의 자원 구조는 해체되고, 새로운 기술 중심의 정보 접근 시스템이 자리잡는 것입니다. 콕스 등은 이러한 변화가 단순한 기능의 자동화나 기술 도입을 넘어 도서관의 존재 방식 자체가 전환되는 것임을 강조하며, 이는 전통적 학술도서관의 몰락 또는 해체로까지 해석될 수 있다고 경고합니다.

이와 같은 맥락에서 2025년 3월 26일, 세계전문도서관협의회가 116년의 역사를 뒤로하고 공식적으로 해체를 선언한 사건은 매우 상징적인 의미를 지닙니다. 전문도서관은 특정 기관이나 단체에 소속되어 전문 인력 혹은 일반 대중에게 특정 분야에 특화된 정보 서비스를 제공하는 도서관으로, 학술도서관과 밀접한 연관성을 갖고 있습니다. 대한민국 「도서관법」에도 전문도서관은 특정 주제나 분야 중심의 전문성을 갖춘 도서관으로 정의되고 있습니다. 세계전문도서관협의회의 해체는 단순히 하나의 기관이 소멸한 사건이 아니라, 지식기반 사회에서 정보기관의 위상 변화와 AI 기술이 촉발한 정보기관 구조의 해체 및 재편이라는 거대한 흐름을 상징하는 사건으로 해석할 수 있습니다.

하지만 이러한 상황이 반드시 도서관의 위기인 것만은 아닙니다. AI는 정보 접근성을 향상시키고, 서비스 전달 방식을 혁신하며, 변화하는 이용자 요구를 더욱 능동적으로 충족시킬 수 있는 잠재력을 지니고 있습니다. 기술을 어떻게 활용할 것인가에 대한 철학과 방향성을 재정립한다면 공공도서관은 지능형 공공서비스 기관으로 한 단계 더 진화할 수 있습니다.

최근 브래디 룬드(Brady D. Lund)와 팅 왕(Ting Wang)의 연구는 'ChatGPT'와 같은 생성형 AI가 도서관 업무 전반에 가져올 긍정적 영향과 윤리적 쟁점을 함께 조명하였습니다. AI는 정보 검색의 정확성 향상, 정보 서비스를 비롯한 메타데이터 및 초록 생성의 자동화 등 업무 효율을 극대화할 수 있는 도구입니다. 그러나 동시에 개인정보 보안, 알고리즘 편향과 인간의 비판적 사고력 약화 등의 문제 또한 뒤따릅니다.

따라서 AI 기술을 도입하고 활용할 때는 기술적 편의성과 효율성만을 고려해서는 안 됩니다. 공공도서관의 핵심 가치인 정보 접근의 평등성과 공공성, 그리고 지역사회 봉사의 원칙에 부합하도록 신중히 배치해야 합니다. 이를 위해서는 개인정보 보호, 데이터 보안, 알고리즘 편향, 투명성 등 윤리적·정책적 문제를 충분히 검토하고, AI 시대의 정보 윤리와 공공성, 그리고 사서의 전문성을 재정립하는 작업이 시급합니다.

도서관은 AI 기술을 윤리적이고 책임감 있게 활용하며, 인간 중심의 정보 서비스를 지향해야 합니다. 이용자의 정보 이해 능력을 강화하고 디지털 격차를 줄이는 역할 또한 적극적으로 수행해야 합니다. 나아가 생성형 인공지능의 특성을 깊이 이해하고 이를 바탕으로 정보 큐레이션, 신뢰도 판단, 비판적 정보 문해 교육 등 AI 시대에 더욱 필요한 공공지식 허브로서 역할을 강화해야 할 것입니다.

    포괄성과 책임성이라는 가치를 실현하는 방향으로 나아갈 때, 공공도서관은 디지털 시대에도 지역사회의 핵심 공공재로 지속가능한 발전을 이룰 수 있을 것입니다.

# 대한민국 도서관 생태계의 현실

그러나 현재 대한민국 도서관 생태계를 구성하는 제도적·구조적 현실은 도서관 혁신과 발전에 있어 장애물로 작용하고 있습니다. 공공도서관이 인간 중심의 정보 서비스를 구축하고 지역사회 통합이라는 공적 가치를 추구해나가기 위해서는 현재 도서관 시스템과 사서 현황을 찬찬히 짚어볼 필요가 있습니다.

## 도서관 현황

대한민국의 「도서관법」은 도서관을 다음과 같이 정의합니다. "도서관이란 국민에게 필요한 도서관 자료를 수집·정리·보존·제공함으로써 정보 이용·교양 습득·학습 활동·조사 연구·평생학습·독서문화 진흥 등에 기여하는 시설이다." 이 법률은 도서관을 설립·운영 주체와 설립 목적 및 이용 대상에 따라 다음과 같이 구분하고 있습니다.

① 도서관 설립·운영 주체에 따른 구분

- **국립도서관** : 국가가 설립·운영하는 도서관
- **공립도서관** : 지방자치단체 및 교육감이 설립·운영하는 도서관

- **사립도서관** : 법인·단체 또는 개인이 설립·운영하는 도서관

② 도서관 설립 목적 및 대상에 따른 구분

- **공공도서관** : 공중의 정보 이용·독서 활동·문화 활동 및 평생학습을 주된 목적으로 하는 도서관(작은도서관 및 어린이, 장애인, 노인, 다문화가족을 대상으로 하는 도서관 포함)
- **대학도서관** : 대학교육과정 이상의 교육기관에서 교원과 학생 및 직원에게 도서관 서비스를 제공하는 것을 주된 목적으로 하는 도서관
- **학교도서관** : 학교에서 교원과 학생 및 직원에게 도서관 서비스를 제공하는 것을 주된 목적으로 하는 도서관
- **전문도서관** : 법인·단체 또는 개인이 소관 업무와 관련하여 소속 직원, 공중에게 특정 분야의 전문적인 도서관 서비스를 제공하는 것을 주된 목적으로 하는 도서관
- **특수도서관** : 특수한 환경에 처한 사람에게 도서관 서비스를 제공하는 시설인 도서관(병원도서관, 병영도서관 및 교정시설도서관 포함)

국가도서관통계시스템에 의하면 2024년 말 기준 대한민국의 전체 도서관 수는 총 21,008개에 달합니다. 공공도서관은 8,126개로, 이 중 작은도서관 6,830개를 제외하면 1,296개의 공공도서관이 있습니다. 그 외 대학도서관 456개, 학교도서관 11,842개, 전문도서관

495개, 특수도서관 54개 등이 운영되고 있습니다.

2007년 당시 공공도서관(작은도서관 제외) 603개, 대학도서관 381개, 학교도서관 10,262개, 전문도서관 619개가 존재했다는 점을 고려한다면, 도서관의 확장세는 매우 인상적인 양적 성장을 보여주고 있습니다. 이 두 시기를 자세히 비교해보면 주요 관종별 연평균성장률(CAGR)은 다음과 같습니다.

- **공공도서관 :** 603개 → 1,296개로 115% 증가, CAGR 4.6%
- **대학도서관 :** 381개 → 456개로 20% 증가, CAGR 1.1%
- **학교도서관 :** 10,262개 → 11,842개로 15% 증가, CAGR 1.0%
- **전문도서관 :** 619개 → 495개로 20% 감소, CAGR -1.3%
- **전체 평균 증가율 :** 11,865개 → 14,089개로 19% 증가, CAGR 1.14%

특히 눈여겨볼 점은 세계적으로 공공도서관 수는 국가별 여건에 따라 완만한 증가세를 보이는 반면, 대한민국은 지난 10여 년간 상대적으로 빠른 속도로 공공도서관을 확충해왔다는 사실입니다. 이는 정부의 정책적 의지와 시민 수요에 기반한 공공 인프라 투자 확대의 결과이며 양적인 면에서 괄목할 만한 성과입니다. 그러나 그 이면을 들여다보면 문제점도 존재합니다. 양적인 확장은 이루어진 반면 질적인 내실화는 여전히 미흡하기 때문입니다.

# 사서 현황

「도서관법」에서는 사서를 '일정 자격요건을 갖추고 도서관 등 일정 시설에서 근무하는 사람'으로 정의하면서 1급 정사서, 2급 정사서 및 준사서로 구분하고 있습니다. 사서 자격증을 국가자격증으로 규정하고 다음과 같이 구분하여 그 자격요건을 규정하고 있습니다.

- **1급 정사서** : 문헌정보학이나 도서관학 박사학위를 취득한 사람
- **2급 정사서** : 4년제 대학교에서 문헌정보학이나 도서관학을 전공하고 졸업하거나 대학원에서 문헌정보학이나 도서관학 석사학위를 취득한 사람
- **준사서** : 전문대학에서 문헌정보학과나 도서관학과를 졸업한 사람과 전문대학을 졸업한 후 지정교육기관에서 지정교육과정을 이수한 사람

사서 자격증은 문헌정보학 관련 학위를 취득한 사람에게 부여되는 국가자격증입니다. 자격은 「도서관법」에 따라 1급 정사서, 2급 정사서, 준사서로 구분되며, 정해진 학업 코스를 이수함으로써 상위 자격증 취득이 가능합니다. 예를 들어 전문대 졸업자는 준사서, 4년제 학사 졸업자는 2급 정사서, 박사 학위자는 1급 정사서 자격을 부여받습니다.

이 자격제도의 특징 중 하나는 자격 평가 없이 학위

취득만으로 자격이 자동 부여된다는 점입니다. 또한 한 번 취득하면 평생 유효하며, 정기적인 자격 재인증 제도나 유지 조건도 없습니다. 한마디로 사서 자격증은 평생 유효하며, 이후의 실무 역량이나 전문성 향상 여부와는 무관하게 자격을 유지할 수 있습니다.

다만 사서 자격증을 취득했다고 해서 곧바로 공공도서관 등에서 공무원으로 근무할 수 있는 것은 아닙니다. 공립 도서관에서 정식 사서직 공무원으로 근무하려면 사서 자격증을 보유한 상태에서 사서직 공무원 채용시험에 합격해야 합니다. 따라서 사서직 공무원은 자격 취득 외에도 공직 진입을 위한 별도의 절차를 거쳐야 하며 이는 일반적인 사서 자격증 소지자와는 구별됩니다.

2024년 말 기준으로 대한민국 도서관 생태계에서 정규직 사서 인력은 전체 약 12,474명으로 추산됩니다. 이 중 공공도서관(작은도서관 제외)에는 6,072명의 정규직 사서가 근무하고 있으며, 대학도서관 1,576명, 학교도서관 2,961명, 전문도서관 698명으로 인력이 구성되어 있습니다. 작은도서관의 사서 수는 2023년 말 기준 1,167명으로 파악되고 있으며, 이 수치를 모두 정규직으로 간주해도 전체 사서 인력에서 차지하는 비중은 제한적입니다.

도서관별 사서 수를 살펴보면 공공도서관은 약 4.7명, 대학도서관은 3.5명, 전문도서관은 1.4명인 반면 학교도서관은 0.25명에 불과하여 사서 배치가 매우 부족한 실정입니다. 작은도서관의 경우 1관당 사서 수는 0.2명으로 사서 전문 인력의 확보가 굉장히 미흡한 걸 알 수 있습니다.

2007년과 비교하면 공공도서관 정규직 사서 수는 2,978명에서 6,072명으로 약 105% 증가한 반면, 대학도서관 사서는 2,145명에서 1,576명으로 약 15% 감소하였습니다. 학교도서관 사서 수는 523명에서 2,961명으로 무려 478%나 증가했으나, 실제 공립학교 내 사서교사 배치율은 16%에 불과해 여전히 매우 낮은 수준입니다. 이는 보건교사 77.6%, 영양교사 55.6% 그리고 상담교사 37.2%인 배치율과 비교하면 크게 뒤처진 수치이며, 미국의 61%와 일본의 60%인 학교 사서교사 배치율과도 큰 격차를 보입니다.

'책, 건물, 사서'는 도서관의 필수 자원입니다. 이 중 사서가 충분히 배치되지 않은 상태에서 단순히 책만 비치하는 것으로는 도서관이 정상적으로 기능할 수 없습니다. 전문도서관의 경우, 정규직 사서 수가 79.8% 감소하는 등 학술도서관의 위기가 가시화되고 있으며, 전문도서관 수 자체도 20% 감소해 세계적인 전문도서관 붕괴 현상과 궤를 같이하고 있습니다.

도서관 전체 정규직 사서 수는 2007년 6,371명에서 2024년 11,307명(작은도서관 제외)으로 84% 증가해 도서관 전체 수 증가율인 19%를 훨씬 상회하는 성장을 보였습니다. 이는 주로 공공도서관과 학교도서관에서 사서 인력이 확대된 결과입니다. 하지만 작은도서관의 경우 2024년 기준으로 전체 6,830개 도서관에 직원(전일제 및 시간제 포함)을 갖춘 도서관은 4,261개, 즉 62.4%에 불과하며, 사서 자격증을 가진 정규직 사서가 근무하는 작은도서관은 983개로 전체의 14.4%에 그쳐 사서 전문 인력 배치의 현저한 부족을 드러냅니다. 더욱이 비정규직 사서 수는 공식 통계조차 정확히 파악되지 않고 있어, 실질적 사서 인력 현황과 도서관 서비스 품질에 대한 우려가 지속되고 있습니다.

이 외에 사서 인력 배치와 관련된 주요 문제점은 다음과 같습니다.

첫째, 「도서관법」에서는 국공립도서관이 최소 4명 이상의 사서를 두어야 하며, 도서관 서비스 봉사 대상 인구수와 도서관 면적에 따라 추가로 사서를 배치하도록 규정하고 있습니다. 그러나 현실에서 이러한 법적 기준을 충족하는 국공립도서관은 극히 일부에 불과하여 상당수 도서관이 적정 사서 인력을 갖추지 못한 상황입니다. 정확한 통계 수치를 제시하지는 않았지만 기준 미충족 도서관 비율이 매우 높다는 점은 분명한 문제로 지적됩니다.

둘째, 학술도서관의 성격을 지닌 전문도서관은 그 수가 점차 감소하고 있을 뿐 아니라 이에 따른 사서 인력도 급격히 줄어들어 전문도서관과 사서의 존립 자체가 위협받고 있는 심각한 상황입니다. 이는 전문 정보 서비스를 제공해야 할 학술도서관 분야의 위축을 의미하며 학문 및 연구 환경에도 부정적인 영향을 미치고 있습니다.

셋째, 대학도서관의 경우 「대학도서관진흥법」이 2022년 3월 8일부터 시행되어 최소 사서 배치를 법적으로 규정했으나, 현장에서는 법적 최소 인원을 최대치로 간주하여 최소 인원만 배치하는 경향이 나타나 사서 수가 오히려 급격히 감소하는 역효과가 발생하고 있습니다. 이는 법 조항 자체보다는 이를 집행하는 기관과 이해관계자의 인식과 힘이 법의 실효성을 좌우함을 보여주는 사례입니다.

또한 「도서관법」은 공립 공공도서관의 관장을 사서직으로 임명하도록 명시하고 있으나, 실제 공공도서관장의 사서직 임명 비율은 60% 내외로 매우 낮은 것으로 나타납니다. 이러한 현실은 사서의 자긍심과 사명감, 전문성뿐 아니라 왜곡된 사서 노동시장과 사서 배출 규모 및 시스템의 문제를 근본 원인으로 지적할 수 있습니다. 아울러 「도서관법」 조항 위반에 대한 벌칙 규정이 없다는 것과 전문직으로서 사서의 이해관계를 효과적으로 대변할 수 있는 조직 및 단체가 없다는 현실 역시 사서 제도 개선의 걸림돌로 작용하고 있습니다.

이와 같은 문제들을 살펴보면 대한민국 도서관 생태계가 혁신을 이루기 어려운 구조임을 알 수 있습니다. 도서관은 이용자 중심의 서비스 제공 기관임에도 불구하고, 사서 양성 및 배치 시스템은 공급자인 교수 중심으로 운영되면서

도서관 환경 변화와 이용자의 요구에 유연하게 대응하기 어렵습니다. 도서관의 기본 자원인 책과 건물뿐 아니라 도서관 서비스의 핵심인 열정적이고 능력 있는 사서의 양성이 무엇보다 절실하지만 그와 달리, 수요를 초과하는 사서의 공급, 법적 강제 사항인 사서 고용을 지키지 않는 현실과 한 번 취득한 사서 자격증의 재인증이나 교육 의무가 없는 현실도 도서관계 내부에서 변화를 이끌 동력을 약화시키고 있습니다.

지속적으로 변화하는 사회와 이용자의 요구에 능동적으로 대응하고 공공도서관의 사명과 역할을 재정립하기 위해서는 사서 인력의 질적 향상과 배치 체계의 혁신이 필수적입니다. 이를 위해서는 사서 자격증 제도의 재검토, 자격 유지 및 갱신 제도의 도입 그리고 사서 노동시장 및 도서관 운영 시스템의 전반적인 개편이 함께 추진되어야 합니다.

물론 도서관 내부적으로 일하려 하지 않는 사서 문제가 있다는 점도 고백합니다. 공공기관의 구성원으로서 이용자에게 봉사하겠다는 자세와 가치관의 문제도 있습니다. 계속해서 변화하는 공공도서관 시스템 속에서도 여전히 카운터에서 대출과 반납 업무만을 고집하거나 아예 다른 업무 역량을 키우지 못한 사서가 일부 있다는 것도 부인할 수는 없습니다. 대한민국 1,296개 공공도서관 중 공무원 신분의 사서로 운영되는 공공도서관은 1,031개로 약 80%에

이릅니다. 도서관 내부적으로 혁신이 필요하다고 생각한
이유 중 하나도 여기에 있습니다.

## 사서 배출 규모와 시스템

「도서관법」에서는 사서를 자격요건을 갖추고 도서관 등
정부가 인정하는 시설에서 근무하는 사람으로 정의하여,
자격증 보유자와 사서를 구분하고 있습니다. 기본적으로
사서 제도에서 중요한 것은 적절한 사서 자격증 보유자의
수요와 공급을 유지하는 일입니다. 현재 학업 과정을 마치면
사서 자격증이 주어지는 문헌정보학과나 전공이 있는 대학
및 대학교는 37개이고, 문화체육관광부 장관이 지정한
사서교육원은 3개입니다. 또한 국가평생교육진흥원의
학점은행제를 통해서도 사서 자격증 보유자를 배출하고
있으며, 그 수는 점진적으로 증가하고 있어 현재 사서 자격증
보유자를 배출하는 교육기관은 최소 41개 이상입니다.

국가별로 문헌정보학 교육기관 수 대비 인구수를
비교해보면, 미국은 약 64개의 교육기관이 3억 3,000만
명의 인구를 대상으로 운영되고 있어 기관당 약 515만 명을
담당합니다. 영국은 16개의 교육기관이 약 6,700만 명의
인구를 대상으로 기관당 약 419만 명을 담당합니다. 캐나다
역시 64개의 교육기관이 3,800만 명의 인구를 대상으로
기관당 약 594만 명을 담당합니다. 호주는 5개의 교육기관이

약 2,600만 명의 인구를 대상으로 기관당 약 520만 명의 인구를 담당하고 있습니다. 반면 대한민국은 학점은행제 기관 제외, 약 41개의 문헌정보학 교육기관이 약 5,168만 명의 인구를 대상으로 기관당 약 126만 명을 담당합니다. 학점은행제를 제외한 수치만 보더라도 대한민국은 미국, 영국, 캐나다, 호주에 비해 인구 대비 문헌정보학 교육기관 수가 훨씬 많은 편임을 알 수 있습니다. 즉 대한민국의 도서관 인력 양성 생태계는 공급 과잉 구조를 형성하며, 자격증 취득자는 많지만 도서관에 취업하는 사서 수는 상대적으로 적은, 공급자 중심의 생태계를 갖고 있습니다.

대한민국의 사서 자격증 보유자는 약 11만 명에 달하지만, 도서관 현장에서 실제로 근무하는 정규직 사서는 최대 약 1만 5,000명에 불과합니다. 2023년 기준 사서 교육기관을 통해 배출된 신규 자격증 보유자는 1급 정사서 145명, 2급 정사서 2,466명, 준사서 490명 등 총 3,101명으로, 2007년 2,464명과 비교해 비슷한 수준입니다. 2024년 기준 전국 정규직 사서 수 1만 2,474명과 대비할 때 매년 약 24.9%에 이르는 자격증 보유자가 새롭게 배출되고 있는 셈입니다.

이 같은 상황은 사서 전문직 고용시장이 매년 정규직 인력 규모의 4분의 1 이상에 달하는 인력을 과잉 양성하는 구조를 만들고 있어 사서 노동시장에서 취업 경쟁이 심화되고, 사서는 전문직으로서 그에 상응하는 처우를 받지 못하는 결과를 낳습니다. 또한 다양한 사서교육원과 학점은행제 등의 단기 자격증 취득 과정으로 준사서가 많이 양성되어 1급 정사서보다 준사서 중심의 고용으로 사서 전문직의 경쟁력이 약화되고 있습니다. 특히 지방자치단체 선거가 끝날 때마다 단기 자격증 코스로 아무런 도서관 관련 경력 없이 자격증만을 취득한 사람이 그 자리에 상응하는 경력과 능력을 갖춘 사서가 배치되어야 할 자리에 임명되는 사례도 적지 않습니다. 2007년과 2024년 사서 자격증 취득 경로를 비교해보면 대학 졸업자의 비율은 84.1%에서 58.8%로 감소한 반면, 학점은행제 출신 비율은 0.7%에서 31.8%로 급격히 증가했습니다. 이는 사서 자격증 취득 경로가 다양해지고 있지만 동시에 단기 교육과정의 확산으로 사서의 전문성 저하가 우려되고 있음을 의미합니다.

물론 도서관 사서로서 전문가적 자긍심과 업무에 대한 소명의식을 갖는 것은 매우 중요합니다. 그러나 현재와 같은 왜곡된 노동시장 구조에서는 이러한 자긍심과 소명의식만으로는 사서 전문성 강화와 도서관 서비스 혁신을 이루기 어려운 현실임도 분명합니다.

## 문헌정보학 커리큘럼

다른 나라에 비해 대한민국이 상대적으로 많은 문헌정보학 전공 학과를 보유하고 있다는 것은 공급 과잉 구조를 시사하기도 하지만, 교육기관과 교수진이 풍부한

만큼 양질의 교육이 가능하다는 뜻이기도 합니다. 능력 있는 사서 양성을 위해서는 이러한 조건을 적극적으로 활용해 문헌정보교육의 질을 보장할 수 있는 수준 높은 커리큘럼을 제공해야 합니다. 이는 사서 자격증이 국가자격증으로 기능하기 위해 반드시 갖추어야 할 기본 요건이며 자격증의 품질 관리를 체계적으로 수행하는 데 있어서도 필요한 논의입니다.

사서 양성 제도는 국가마다 다릅니다. 필리핀은 교육과정과 무관하게 국가시험을 통해 사서 자격을 부여하고 있고, 우리가 공공도서관 선진국으로 인식하는 대부분의 북유럽 국가들은 사서 자격증 제도 자체를 운영하지 않습니다. 미국에서는 학사과정만으로 사서 자격증을 받을 수 없고, 미국도서관협회의 인증을 받은 문헌정보학 석사과정을 이수한 사람만 사서 자격증을 취득할 수 있습니다. 이와 달리 대한민국은 문헌정보학 교육과정 이수를 통해 자격증을 취득하는 구조입니다. 체계적인 사서 양성을 위해서는 명확한 기준과 커리큘럼에 대한 평가가 필수적인데, 현행 제도에서는 자격증 취득을 위한 필수 이수 과목이나 교육 수준에 대한 분명한 기준을 제시하지 않는 상황입니다. 따라서 사서 양성을 위한 커리큘럼에는 반드시 이수해야 할 과목과 그 수준을 설정하고, 이를 교육기관에서 충실히 반영하도록 해야 합니다.

또한 시대적 변화에 발맞춰 도서관의 사명이 변화함에

따라 교육과정도 유연하게 개편할 필요가 있습니다. 최근 빠르게 확산되고 있는 생성형 인공지능 기술에 대한 이해와 활용 능력을 키울 수 있는 과목이나 도서관이 직면한 새로운 도전에 대응하기 위한 전략 과목들을 필수로 포함해야 합니다. 더 나아가 사서 자격증의 전문성을 지속적으로 유지하기 위해 교육기관 평가뿐 아니라 정기적인 재교육 커리큘럼과 재교육 시스템 역시 함께 구축해야 합니다.

디지털 전환이 급속히 진행되고 생성형 인공지능의 보편화로 '인텔리전트 도서관'의 도래가 다가오는 상황에서 변화 없는 커리큘럼과 불분명한 교육 기준에 따라 배출된 사서 자격증 보유자는 현장에서 전문 인력으로서 인정받기 어려울 것입니다. 실제로 도서관 데스크에서 근무하는 사서를 이용자들이 여전히 아가씨라고 부르는 사례는 단순한 호칭의 문제가 아니라, 사회적으로 사서의 전문성이 제대로 인식되지 못하고 있는 현실을 반영합니다. 많은 영역에서 정보통신기술과 인공지능이 전통적인 사서의 기능을 대체하고 있는 가운데, 특히 지역사회 밀착 서비스가 중요한 공공도서관 사서에게는 지역 조사, 독서이론, 협업 능력, 디지털 기술의 활용, 프로그램 기획 및 운영 등 다양한 전문 역량이 필요합니다. 그러나 여전히 대학에서는 이러한 역량을 커리큘럼에 충분히 반영하지 못하고 있는 실정입니다.

사립 공공도서관 느티나무도서관을 운영하는 느티나무재단에서는 사서 자격증을 소지한 이들을 대상으로 별도의 인턴제 교육과정을 개발하여 운영하고 있습니다. 이는 현재 대학교의 사서 양성 프로그램만으로는 공공도서관 현장에서 요구되는 실질적 역량을 갖춘 인재를 충분히 배출하지 못하고 있음을 방증합니다. 이러한 움직임은 현재의 교육체계를 보완하여 실질적 전문성을 갖춘 사서를 길러내야 한다는 시대적 요구를 보여줍니다. 사서 자격증 제도를 유지하려면 인력의 양적 증가가 아닌 질적 보장이 가능한 시스템으로 전환해나가야 합니다.

## 한국도서관협회와 사서단체

현장의 다양한 목소리를 대변할 수 있는 사서단체와 도서관의 요구를 반영할 수 있는 이익단체로서의 도서관 연합조직은 건전한 도서관 생태계를 구성하기 위한 필수 요소입니다. 그러나 현재 대한민국의 사서단체는 아직도 걸음마 단계에 머물러 있으며, 전국적인 사서협회조차 제대로 갖추지 못하고 있는 실정입니다. 경기도사서협의회나 서울시사서협의회 등이 존재하지만, 전국조직이 아니라 지역조직의 한계로 인해 이들 역시 제한적인 역할에 그치고 있습니다.

게다가 공공도서관에서 근무하는 약 80%의 사서가 공무원 신분이기 때문에 사서 노동조합의 정착도 어려운 상황입니다. 20%에 이르는 비공무원 사서나 민간 도서관

직원들의 목소리를 반영할 수 있는 통합된 노동조합도
부재한 상태입니다. 물론 산업별 노동조합의 발전이 약한
대한민국에서 사서 노동조합은 결성 자체가 어려운 구조를
띱니다. 전국 도서관의 연합체로서 사서협회를 포괄한다고
주장하는 한국도서관협회 역시, 실질적으로는 현장
사서보다는 교수 중심의 운영 구조를 유지해왔습니다.

    한국도서관협회의 역대 회장은 대부분 대학 교수였으며,
예외적 사례는 연세대학교 도서관장 출신의 박계홍(제17대,
1991~1996)과 2006년 국제도서관정보대회(WLIC)
조직위원장을 역임하기도 한 전 국회의원 신기남(제20·21대,
2001~2005)뿐입니다. 비록 현장 사서들의 요구에 따라 2019년
제29대 회장 선거부터 직선제가 도입되었지만, 오랜 기간
현직 교수가 회장으로 선출되어 구조적 변화는 이루어지지
않았습니다. 최근 2025년 제32대 회장 선거에서 비로소
공공도서관 현장 출신인 사서가 당선되면서 변화의 가능성이
열렸습니다.

    협회의 사전적 정의가 '같은 목적을 가진 사람들이
설립하여 운영하는 모임'인 만큼 협회의 주인은
당연히 회원이어야 합니다. 한국도서관협회는 도서관
단체회원과 사서 자격증 보유자인 개인회원으로 구성되어
있으며, 이들은 매년 회비를 납부하고 있습니다. 현재
한국도서관협회는 도서관 현장의 요구를 반영하여 도서관
정책 당국인 문화체육관광부를 비롯한 정부조직과 협상할

이익단체로서 충분한 역할을 하고 있지 못합니다. 사무국 직원의 급여를 주기 위해 정부 및 자치단체의 연구용역과 사업용역에 대다수 직원의 노동시간이 투입되는 구조는 회원을 위한 협회가 아니라는 비판이 끊이지 않는 이유입니다. 한국도서관협회는 회원, 즉 전국의 도서관과 사서들을 위한 단체여야 합니다. 원칙적으로 협회의 운영비는 회원의 회비로 충당되는 구조여야 합니다. 그래야만 독립성을 갖고 회원의 권익을 대변할 수 있는 협회로 존재할 수 있습니다.

더불어 한국도서관협회는 이사회나 주요 회의 자료 등을 대외비로 분류하여 회원들에게 내용을 공개하지 않는데, 이는 회원 중심의 투명한 운영 원칙에도 어긋납니다. 도서관협회조차 회원과 현장의 목소리에 귀를 기울이지 않는다면 도서관계의 건강한 발전은 요원할 것입니다. 이제는 사서들의 자각을 통해 다양한 현장의 요구를 대변할 수 있는 사서단체를 강화해야 합니다. 나아가 도서관 서비스의 수혜자인 이용자와 서비스 제공자인 사서 그리고 도서관 현장의 현실을 정책에 반영할 수 있는 이익단체로서의 한국도서관협회가 새롭게 거듭나야 합니다. 그렇게 될 때 비로소 협회는 도서관 정책 당국을 이끌며 실질적이고 구체적인 도서관 정책을 수립할 만한 동력을 확보할 수 있습니다.

다행히도 2025년 4월 15일, 현장 사서 출신의

이진우 전 성북구립도서관장이 제32대 한국도서관협회
회장으로 당선되었습니다. 이진우 회장은 1945년 협회
창립 이래 최초의 공공도서관 현장 출신 회장으로,
공공·학교·전문·대학도서관의 현장 사서, 전·현직 교수, 출판계,
법조계, 정치계 등 다양한 배경을 가진 인사들로 구성된
도서관혁신추진단의 추천을 받아 출마하였습니다. 그는
"내 문제를 해결하는 협회, 발로 뛰는 협회, 투명한 협회"를
약속하며 개혁을 천명하였고, 도서관계의 기대를 한 몸에
받고 있습니다. 이번 변화가 도서관 생태계 전반의 구조적
전환으로 이어지기를 기대합니다.

# 공공도서관의 지속가능성을 위한 전략

## 도전에 대응하기 위한 공공도서관의 전략

급변하는 사회환경 속에서 공공도서관은 더 이상 단순한 정보 제공 기관에 머물러서는 안 됩니다. 지역사회와 함께 호흡하는 커뮤니티 플랫폼으로서 지속가능한 발전을 추구하기 위해 다음과 같은 전략적 실행이 필요합니다. 이러한 전략들은 공공도서관이 유연성과 민첩성, 공공성과 전문성, 혁신성과 포용성을 겸비한 지역 핵심 인프라로 자리매김하기 위한 필수 조건입니다.

공공도서관이 커뮤니티 플랫폼으로 거듭나기 위해서는 먼저 정기적으로 지역사회의 인구통계를 이해하고 지역민들의 요구와 관심사를 조사해야 합니다. 설문조사, 포커스 그룹 및 지역사회 포럼 등을 통해 도서관 이용자는 물론 후원자, 지역사회 조직 및 이해관계자를 참여시켜야 합니다. 이러한 지속적인 지역사회의 요구와 관심에 대한 조사는 공공도서관이 지역사회의 사랑받는 공공재로 정립되기 위한 첫걸음입니다. 조사 내용을 바탕으로 도서관 프로그램, 서비스 및 장서를 꾸준히 조정할 뿐만 아니라, 변화하는 학습 스타일, 작업 패턴 및 인구통계학적 선호를 반영하는 전통적인 프로그램과 혁신적인 프로그램을 혼합하여 제공하여야 합니다.

둘째, 공공도서관은 새롭게 등장하는 사회적 트렌드와 과제를 다루면서 도서관의 사명, 비전, 가치에 부합하는 전략계획을 수립하고 지속적으로 검토할 수 있어야 합니다. 지역사회의 요구 평가와 이해관계자의 의견을 바탕으로 명확한 비전, 목표 및 우선순위를 설정하여야 합니다. 이는 공공도서관이 서비스하는 지역의 성격에 맞춰 설정되어야 합니다.

셋째, 도서관 서비스와 자원을 향상시키기 위해 새로운 기술과 디지털 혁신을 수용해야 합니다. 디지털 자원과 기술에 대한 공평한 접근을 보장하기 위해 디지털 인프라, 온라인 플랫폼 및 디지털 리터러시를 중점에 둔 새로운 계획에 투자하여야 합니다.

넷째, 지역기관, 교육기관, 기업 및 정부기관과 파트너십 및 협업을 구축하여 자원을 활용하고 전문 지식을 공유하며 도서관 서비스의 범위를 확장해야 합니다. 공동체의 필요와 우선순위를 해결하는 공동 프로그램, 이벤트 및 새로운 계획에 대해 협력하여야 합니다.

다섯째, 도서관 사서 및 직원들이 변화하는 사회 트렌드에 적응하고 지역사회에 효과적으로 봉사하는 데 필요한 지식, 기술 및 역량을 갖추도록 직원 교육 및 개발에 투자하여야 합니다. 지속적인 학습, 전문성 강화, 더 나아가 다른 분야와 협력을 위한 기회를 제공하여야 합니다. 공공도서관 사서는 서비스 지역의 지역 전문가로 거듭나야 합니다.

여섯째, 서비스가 부족한 인구, 소외된 지역사회 및 다양한 인구통계학적 이용자에게 서비스를 제공하기 위하여 포용적 봉사활동 및 참여를 활성화하여야 합니다. 모든 커뮤니티 구성원이 환영받으며 참여할 수 있도록 문화적으로 반응하는 프로그래밍, 다국어 서비스 및 봉사활동이 필요할 것입니다.

일곱째, 정성적·정량적 측정을 통해 도서관 프로그램, 서비스 및 새로운 계획의 효과를 정기적으로 평가하여야 합니다. 이를 위해 도서관 이용자, 이해관계자 및 지역사회 파트너로부터 영향력을 평가받고 개선해야 할 부분을 식별하며 데이터 기반 결정을 내릴 수 있도록 피드백을 요청하여야 합니다.

여덟째, 공공도서관은 지역사회의 중요한 공공자원이자 평생학습, 문해력, 시민 참여의 옹호자로서의 가치를 유지하여야 합니다. 사회 변화에 따른 문제를 해결하고 지역사회 복지를 증진하는 데 있어 공공도서관의 역할에 대해 정책 입안자, 예산 지원자 및 이용자와 효과적으로 소통하여야 합니다.

아홉째, 변화하는 사회 트렌드, 기술 발전 및 지역사회의 요구에 따라 유연하게 대응하고 적응력을 유지하여야 합니다. 도서관 운영에 영향을 미칠 수 있는 사회 변화와 환경 요인을 지속적으로 모니터링하고 그에 따라 전략과 우선순위를 조정할 필요가 있습니다.

　미국도서관협회의 '도서관이 지역사회를 세운다!(Libraries Build Communities)' 프로그램은 이러한 전략적 방향을 잘 보여주는 사례입니다. 이 프로그램은 1998년 '사서가 지역사회를 세운다!(Librarians Build Communities)'라는 슬로건에서 출발하였으며 이후 2011년 '도서관이 지역사회를 세운다!'라는 프로젝트로 발전하였습니다. 현재는 공공도서관 발전과 관련된 문제의식을 공유하는 사서들이 모여 활동을 조직하고 지역사회를 기반으로 한 공공도서관의 역할에 대해 소통하는 멤버십 이니셔티브 그룹(MIG)으로 성장하여 지속되고 있습니다.

## 도전에 대응하기 위한 사서의 전략

　공공도서관이 앞에서 언급한 아홉 가지 전략을 효율적으로 실행하기 위해서는 사서의 역할이 무엇보다 중요합니다. 도서관은 단순히 책을 빌리는 곳이 아니라 사람과 사람을 잇고, 지식을 나누며, 시민이 함께 성장하는 열린 공동체의 장이기 때문입니다.

　무엇보다 가장 중요하고 기본이 되는 것은 공공도서관 사서로서 자세 정립입니다. 이것은 사서라는 전문가로서 자긍심과 소명의식을 갖는 것입니다. 도서관은 지식 생산, 정보와 문화의 공유 및 교환, 시민 참여 촉진을 위해 공개적으로 접근할 수 있는 공간이며 사서는 이러한 도서관의 핵심 자원입니다.

이제 사서는 문헌정보학뿐 아니라 지역 전문가로 나아가야 합니다. 지역 이해를 넘어 지역 분석을 통해 공공도서관에 대한 구체적인 수요를 파악하여 도서관의 사명, 비전과 가치를 설정하여야 합니다. 그리고 이를 실현하기 위해 지역사회의 다양한 기관과 네트워크를 구축하여 협업을 이끌어내야 합니다. 이러한 업무의 범위는 프로그램의 기획, 운영, 도서관 마케팅 및 홍보 등 직접적인 네트워크뿐 아니라 지역기관, 교육기관, 기업, 정부기관 및 언론기관 등 도서관 정책을 강화하기 위해 필요한 간접적인 지역의 자원까지 확장될 것입니다. 이러한 기본적인 자세와 더불어 아래와 같은 다양한 역량이 필요합니다.

첫째, 공공도서관 사서들은 디지털 기술, 온라인 자원, 그리고 도서관 관리 시스템을 사용하는 데 능숙해야 합니다. 목록 작성, 분류, 메타데이터 작성을 비롯한 강력한 정보 관리 능력을 바탕으로, 인쇄물과 디지털 자료를 포함한 여러 형식으로 도서관 장서를 구성하고 큐레이션할 수 있어야 합니다. 나아가 이용자들에게 디지털 리터러시 기술을 가르치고 그들이 디지털 자원을 효과적으로 탐색하는 것을 도울 수 있어야 합니다.

둘째, 공공도서관 사서들은 의사소통, 공감, 그리고

문제해결을 포함한 뛰어난 이용자 서비스 기술을 보유해야
합니다. 그들은 이용자의 정보 요구를 돕고 개인화된 지원과
안내를 제공할 수 있어야 합니다. 이를 위해 다양한 배경의
이용자가 효과적으로 참여할 수 있는 문화적 역량 기술을
보유해야 합니다. 그들에게 다양한 문화적 관점에 대한
민감성, 존중, 이해를 보여주고 포용적인 도서관 환경을
제공할 수 있어야 합니다.

셋째, 사서들은 변화하는 기술, 사회 트렌드, 지역사회의
요구에 대응하여 전문성은 물론 적응력과 유연성을 가져야
합니다. 그들은 혁신을 수용하고 도서관 서비스 전달에
대한 새로운 아이디어와 접근 방식을 지속적으로 탐구해야
합니다. 이 과정에서 정보를 비판적으로 평가하고, 이용자의
요구를 파악하며, 이를 해결하기 위한 창의적인 해결책을
개발해야 합니다. 증거와 데이터를 기반으로 복잡한 문제를
분석하고 정보에 입각한 결정을 내리는 것이 중요합니다.

넷째, 관리자 역할의 사서들은 팀을 이끌고 프로젝트를
관리하며 도서관 운영을 효과적으로 감독할 수 있는
리더십과 조직관리 기술을 가져야 합니다. 그들은
직원들에게 영감을 주고 동기를 부여할 수 있어야 하며,
명확한 목표와 우선순위를 설정하고, 혁신과 협력 문화를
조성할 수 있어야 합니다. 물론 다양한 프로젝트의 진행을
위한 행정 일반에 대한 이해와 적응력도 갖추어야 합니다.

다섯째, 공공도서관 사서들은 도서관 분야의 새로운

트렌드, 기술 및 모범 사례를 최신 상태로 유지하기 위해 평생학습과 전문성 개발에 전념해야 합니다. 그들은 적극적으로 훈련 기회를 찾고, 회의에 참석하고, 지식과 기술을 향상시키기 위한 전문적인 네트워크에 참여해야 합니다.

    마지막으로 공공도서관 사서들은 공공도서관의 가치와 정보 접근, 문해력, 그리고 평생학습의 중요성에 대한 지지자가 되어야 합니다. 자원을 적극적으로 활용하고, 전문 지식을 공유하며, 도서관 서비스의 범위를 확장하기 위해 강력한 네트워크와 파트너십을 구축해야 합니다. 다른 도서관 직원들, 지역사회 단체들, 그리고 이해관계자들과 협업하는 것에 능숙해야 합니다. 더 나아가 정책 입안자들과 이해관계자들로부터 예산과 지원을 얻어내기 위한 활동을 적극적으로 수행해야 합니다.

    이러한 마음가짐과 역량을 갖춘 사서가 많아질수록 공공도서관은 사람을 성장시키고 지역을 변화시키는 힘 있는 플랫폼이 될 수 있습니다. 그러기 위해서는 사서들이 서로 배우고, 연구하고, 함께 고민하는 전문성 공동체가 필요합니다. 지역사회 문제를 함께 진단하고 해결책을 모색하는 사서 네트워크는 도서관의 미래를 지속가능하게 만드는 중요한 기반이 될 것입니다.

    대한민국의 공공도서관은 양적으로 많이 성장하였음에도 질적인 측면에서는 내실화가 필요합니다.

인구통계학적 변화, 급속한 디지털 전환과 기술의 발전에 적절하게 대응하기 위해서는 공공도서관이 지역사회와 밀착된 서비스를 제공하는 커뮤니티 플랫폼으로 기능해야 하며, 형평성·다양성·포용성, 환경적 지속가능성 및 지역사회 참여와 사회적 연결 등의 가치를 실현하기 위해 노력해야 합니다.

특히 기초 지방자치단체와 작은도서관은 지역사회와의 긴밀한 네트워크를 더욱 강화하여야 합니다. 작은도서관은 마을도서관으로서 지역사회의 놀이터이자 토론장이 되어야 합니다. 공공도서관이 직접 지역사회의 실행 공동체(CoP: Communities of Practice)가 되지는 못하더라도 지역사회의 중심으로 기능할 수 있어야 합니다. 지역민은 사회 공동체의 실천에 적극적으로 참여하고 공공도서관은 이러한 체험과 교류를 통한 사회적 참여의 학습장이 되어 다양한 실행 공동체를 배출하는 기반이 되어야 합니다. 폐유를 재활용해서 빨래비누를 만드는 모임, 앞 개울의 수질을 조사하는 모임, 뒷산 식물의 중금속 오염을 조사하는 모임 등 거창하지 않더라도 독서모임을 중심으로 우리의 삶과 직접적으로 관계된 작은 실행 공동체가 지역사회를 지탱하는 뿌리가 될 것입니다.

'풀뿌리 작은도서관 운동'을 이끌어온 이용남 전 한성대 총장은 작은도서관의 존재 이유가 지역사회와의 밀착성에 있다고 말했습니다. 그는 "동네 작은도서관이 그

마을 아이에게 'OO야, 어서 와' 하고 반겨줄 수 있는 곳이 되어야 한다"며, 단순한 시설이 아니라 지역 주민과 얼굴을 마주하는 생활밀착형 문화 공간으로서 작은도서관의 가치를 강조했습니다. 아울러 그는 작은도서관의 지속가능성을 위해 가장 중요한 요소로 재정 자립을 꼽았습니다. 질적 성장을 위해서는 매년 실태조사를 실시하여 운영이 부실하거나 기준을 충족하지 못하는 기관은 과감히 정비하고, 대신 진정한 공공성을 갖춘 작은도서관에 대해서는 선택과 집중의 방식으로 전략적 지원이 이뤄져야 한다고 주장했습니다. 이러한 제언은 작은도서관이 지역사회에서 살아 숨 쉬는 기반 시설로 거듭나기 위한 현실적인 생존 전략이자 정책 방향이라고 생각합니다.

# 2
# 책과 사람, 공간의 재해석
### 서울야외도서관의 실험

# 광진정보도서관에서 시작된 도전

　지금까지 이야기한 '공공도서관의 새로운 사명과 그에 따른 사서의 역할'은 제 오랜 고민거리였습니다. 저는 1994년 대학을 졸업하자마자 서울시 성동구청 자료실에서 사서로 도서관 현장에 첫발을 내디뎠습니다. 1999년 성동구립도서관이 개관하면서 본격적으로 공공도서관 사서로서 경력을 시작했고, 이듬해에는 성동구와 광진구의 분구로 새롭게 생길 광진정보도서관의 건립 추진반으로 자리를 옮겨 개관을 준비하는 업무를 맡았습니다. 당시만 해도 공공도서관의 신규 건립은 흔치 않은 일이었기에 공공도서관을 직접 개관하는 경험은 제게 무엇과도 바꿀 수 없는 소중한 배움의 시간이었습니다. 그렇게 광진정보도서관에서 사서로 재직하며 다양한 실무 경험을 쌓았고, 2007년 관장으로 임명되어 도서관 운영을 총괄하는 역할을 맡았습니다. 실무자에서 중간관리자, 그리고 관장에 이르기까지 다양한 경험 속에서 늘 공공도서관의 미래와 사서의 역할에 대해 깊이 고민해왔습니다.

　2006년에 직접 번역·출간한 로널드 맥케이브(Ronald B. McCabe)의 『도서관, 세상을 바꾸는 힘(Civic Librarianship)』 역시 공공도서관의 새로운 역할에 대한 고민에서 출발한 작업이었습니다. 이 책을 통해 공공도서관이 단순한 정보 제공 기관을 넘어 지역사회의 커뮤니티 플랫폼으로 거듭나야 한다는 메시지를 도서관계에 알리고자 했습니다. 이를 학문적 연구로 확장해 석사논문에서 공공도서관의 역할 변화에 대한 주제를 다뤘고, 박사논문에서는 도서관 혁신의 핵심이라고 생각하는 공공도서관장의 리더십 역량에 대해 심층적으로 탐구하였습니다.

　　대한민국 「도서관법」이 규정하고 있는 공공도서관의 기본 사명은 정보 이용, 독서활동, 문화활동, 평생학습 지원 등으로 요약되지만, 더 나아가 도서관을 지역 공동체의 중심으로 만들어보고자 결심했습니다. 이를 위해 기존의 틀에 갇히지 않는 혁신적인 공공도서관 서비스를 적극적으로 도입하기 시작했습니다. 그 핵심은 독서모임을 활성화하고 지역 공동체가 사회적 문제를 함께 고민하며 이에 대해 소통할 수 있는 프로그램을 운영하는 것이었습니다. 이러한 체험과 교류 중심의 서비스는 도서관을 시민 삶의 중심으로 끌어들이는 의미 있는 실험이었고, 커뮤니티 플랫폼으로서 공공도서관의 가능성을 확장하는 계기가 되었습니다.

　　구체적인 이해를 돕기 위해 광진정보도서관에 도입했던 서비스 사례 두 가지를 소개하고자 합니다.

## 독서동아리 인큐베이팅

먼저 공공도서관의 기반을 강화하기 위해서는 독서문화를 확산하는 것이 중요하다고 생각했고, 이를 위해 독서동아리 인큐베이팅 프로그램을 직접 개념화하고 도입했습니다.

이 프로그램은 단순히 자녀의 독서 습관을 위해 책을 읽는 부모의 모습을 보여주는 차원을 넘어 실제로 자녀의 학습을 지원하려는 학부모들의 독서 수요가 존재한다는 점에서 착안했습니다. 프로그램의 핵심은 지속가능한 지역 독서모임의 선순환 구조를 만드는 것이었습니다. 초기 독서모임은 사서를 중심으로 운영하다가 일정 시점에서는 참여자들이 자립적으로 운영할 수 있도록 지원했습니다. 개인 독서 활동은 혼자서도 가능하지만 독서동아리 활성화는 시작부터 이를 지속하는 것까지 공동체의 역량이 반드시 필요합니다. 독자들이 모여 동아리를 조직하고 운영하는 과정을 도서관이 주도적으로 인큐베이팅한다면 독서 인구 확대로 이어질 것이라고 확신했습니다.

그에 따라 독서동아리 인큐베이팅을 '집중적이고 체계화된 활동을 통해 독서동아리의 네 가지 핵심 요소—회원, 콘텐츠, 공간, 리더—를 갖추도록 지원하는 프로그램'으로 정의했습니다. 특히 이 네 요소 중에서도 성공적인 운영의 핵심 조건은 바로 독서동아리 리더로,

인큐베이팅 과정은 리더를 집중적으로 양성하여 이들이 자발적으로 지역 내 독서모임을 확산시킬 수 있도록 하는 것이었습니다. 이는 독서 인구의 확대와 독서공동체 문화의 지속적 발전을 지향하는 역동적인 과정입니다.

프로그램은 '책 읽는 엄마학교'와 '마을 독서동아리 리더 양성 프로그램' 두 가지로 구성했습니다. '책 읽는 엄마학교'는 주 1회, 3년간 사서와 시민이 함께 선정한 100권의 책을 읽고 토론하는 심화 독서모임이고, '마을 독서동아리 리더 양성 프로그램'은 1년 이상 독서모임 경험이 있는 참여자를 대상으로 총 50회, 150시간에 걸쳐 진행되는 독서동아리 리더 교육과정입니다. 이렇게 양성된 독서동아리 리더들을 지역의 학교, 모임, 직장 등과 연계되어 지역 내 자발적인 독서동아리의 리더로 활동할 수 있도록 적극적으로 지원합니다. 이 과정에서 사서는 단순히 독서동아리 운영에 대한 조력만 하는 것이 아니라 모든 독서모임에 직접 참여하고 일정 기간 토론 리더로 활동합니다. 사서가 먼저 독서모임 전문가가 되어 공공도서관의 역할을 능동적으로 확장하는 방식입니다.

이러한 독서동아리 프로그램은 큰 호응을 얻었습니다. 자녀의 공부를 돕기 위해 책을 읽기 시작했던 참여자들은 점차 독자로서의 정체성을 발견하고 사회문제와 공동체에 대한 관심을 확장해나갔습니다. 도서관이라는 울타리를 넘어 자발적으로 독서모임을 결성하거나 북카페 협동조합을 창업하는 등 실행 공동체를 형성하기도 했습니다. 또한 학교, 복지시설 등에서 독서토론을 지원하는 활동을 펼치며 지역 독서문화 확산의 촉진자 역할도 수행하였습니다.

도서관 공간만으로는 모든 독서동아리를 수용하기 어려운 현실을 보완하기 위해 전국 최초로 30여개의 지역 소상공인 카페를 모임 공간으로 지정해 공간 대여비를 지원하는 사업도 시행하였습니다. 이는 지역경제와 연계된 생활밀착형 공간 활용 모델로서도 의미 있는 시도였습니다.

공공도서관과 사서가 주도하여 체계적으로 인큐베이팅한 독서동아리는 이제 지역사회 곳곳으로 자연스럽게 퍼져나가며 시민 주도의 독서문화 생태계를 만드는 중요한 기반이 되고 있습니다.

## 도시농업학교

다음으로 소개할 프로그램은 우리가 직면한 사회문제를 몸소 체험할 수 있도록 기획한 도서관 도시농업학교 '책을 품은 텃밭'입니다. 이 프로그램은 건강한 삶을 위해 필요한 건강한 먹거리, 생명과 환경에 대한 인식 개선, 기후위기 문제 등을 독서와 연결된 실천적 체험으로 확장하기 위해 시작했습니다.

많은 공공기관이 옥상 주말농장을 시도하지만 대체로 주말에 옥상 이용이 불가한 한계로 운영에 어려움을 겪습니다. 이에 비해 공공도서관은 주말에도 운영하기 때문에 건물 사용에 제약이 덜한 편으로, 가족 단위 시민들이 주말에 참여할 수 있는 프로그램을 운영하기에 최적화된 공간입니다. 농업 관련 도서는 물론 강의실과 옥상정원 등 실내외 학습 공간이 함께 마련되어 있어 이론과 실습을 병행할 수 있는, 도시농업학교 운영의 최적지입니다.

 '책을 품은 텃밭' 프로그램 참여 대상은 3세대 동거 가족에게 일정한 우선권을 부여하여 선정하고, 참여자들은 자경(自耕)을 통해 건강한 먹거리, 생태와 환경, 식량 주권, 기후위기 문제에 대해 자연스럽게 배우고 체험합니다. 채소를 먹지 않던 아이들은 채소를 직접 기르며 식습관을 바꾸어나가고, 농사에 대한 조부모 세대의 지식과 지혜를 자연스럽게 체험합니다. 또한 수확물의 50%를 주변과 나눈다는 원칙을 기반으로 이웃과의 나눔 활동을 통해 지역 공동체 구성원과 적극적으로 소통하고 교류할 수 있습니다. '책을 품은 텃밭'은 광진정보도서관에서 가장 인기 있는 프로그램 중 하나로 자리 잡았으며 프로그램 운영 후 농업 관련 도서의 대출량은 타 도서관에 비해 월등히 많아졌습니다. 2013년 프로그램 1기 참여자들을 시작으로 많은 이들이 여전히 '책을 품은 텃밭' 온라인 커뮤니티를 통해 서로 소통하며 관계를 이어가고 있습니다.

 이때 사서들은 옥상텃밭 교육프로그램을 기획하고, 텃밭 기본 정리와 구획 그리고 농사 기구의 준비, 모종 공동구매는 물론 다양한 이슈에 대한 큐레이션을 실시하고 있습니다. 더불어 수확나눔과 농촌체험 프로그램 등을 통하여 텃밭 참여 주민들의 교류를 촉진하는 역할 또한 사서들의 몫입니다.

    이러한 체험과 교류 중심의 도서관 프로그램을 운영하면서 공공도서관의 새로운 가능성을 엿볼 수 있었습니다. 공공도서관은 독서와 교육의 역할을 넘어 내가 사는 지역의 문제를 함께 고민하고, 문제를 도출 및 공론화하며, 연대와 참여를 통해 해결을 시도하는 시민성의 학교이자 커뮤니티 플랫폼으로 나아가야 합니다.

    혁신적 서비스를 향한 광진정보도서관의 도전은 전국도서관운영평가에서 국내 유일하게 대통령상을 세 차례나 수상하는 성과로 이어졌습니다. 이 영예는 단지 기관의 성과를 넘어 새로운 공공서비스를 제공하기 위해 끊임없이 고민하고 도전하며 헌신해온 광진정보도서관 사서들의 노력으로 이루어진 결과였습니다.

# 왜 서울도서관을 밖으로 끌어냈나?

## 도서관 혁신을 위해 서울도서관장에 도전

전국의 많은 공공도서관들이 광진정보도서관의 혁신에 주목하고 관심을 보였음에도 저는 기초자치단체 소속 공공도서관장으로서 실험적 도서관 서비스를 확산하는 데 한계를 절감했습니다. 특히 공공부문은 개인의 생계문제와 직접 연결되지 않기 때문에 아무리 유의미하고 우수한 모델이더라도 실제로 확산되기까지 구조적 제약이 따를 수밖에 없습니다.

공공도서관이 급속하게 변화하는 환경에 능동적으로 대응하며 진화할 수 있게 하기 위해서는 지속가능한 서비스 체계를 정책적으로 뒷받침할 기회가 필요했습니다. 이에 저는 서울시의 도서관 정책을 수립하고 실행할 수 있는 광역대표도서관장에 도전했습니다. 도서관 운영뿐만 아니라 공공도서관의 정책 기능을 수행할 수 있는 조직 내부에서 새로운 도서관 서비스를 기획하고 창출하며 이를 체계적으로 확산시킬 수 있는 시스템을 구축하고자 했습니다.

서울도서관 관장직에 지원한 날, 북한산 백운대에 올라 도서관을 지역사회의 핵심기구로 만들겠다고 다짐했습니다.

최소한의 기본권인 알 권리, 교육받을 권리, 문화를 향유할 권리와 지역사회의 다양한 사람들과 교류할 권리를 보장할 수 있도록 최선을 다하고 싶었습니다. 오랜 시간 정부의 관심에서 벗어난 채 사회의 급속한 변화에 비해 혁신의 기회를 가지지 못한 도서관을 시민의 기본적인 삶의 조건을 실현하는 필수 인프라로 되돌려놓아야 한다는 시대적 요구에 대한 다짐이었습니다. 2022년 2월 14일 서울도서관 제3대 관장으로 취임한 저는, 기존 업무와 새로운 도전 사이에서 오늘도 초심을 잊지 않고 그때 그 다짐을 실천하기 위해 최선을 다하고 있습니다.

    서울도서관은 서울시 중구 세종대로 110, 옛 서울시청사 건물에 있습니다. 1971년 시청 안 '도시개발 자료센터'에서 시작한 서울도서관은 여러 차례 명칭과 장소를 바꾸어가며 발전해왔습니다. 1980년에는 '서울특별시 종합자료실', 1994년에는 '시정자료실', 1997년에는 을지로 별관으로 이전하면서 '서울특별시 종합자료관'으로 명칭이 바뀌었습니다. 2007년에는 서소문 별관으로 이전하였고, 2012년 10월 26일, 「도서관법」 전면 개정에 따라 서울특별시 지역대표도서관으로서 '서울도서관'이라는 이름으로 새롭게 개관하였습니다. 특히 2022년 12월 개정된 「도서관법」 제25조에 따라 서울도서관은 도서관 정책의 수립 및 시행 그리고 이에 따른 관련 서비스의 지원 기능을 담당하는 기관으로 법적 위상을 명확히 가지게 되었습니다.

현재 서울도서관 건물은 1926년 일제강점기 당시 경성부청 청사로 건립된 석조 건물로, 역사적 상징성과 건축적 가치를 인정받아 2003년 국가등록문화유산 제52호로 지정되었습니다. 이후 서울시 신청사를 새로 건립하면서 이 건물은 더 이상 시청사로 기능하지 않게 되었고, 2011년 오세훈 시장 재임 당시 시민을 위한 공간인 서울도서관으로 지정되었습니다. 이어서 2012년 박원순 시장 시절 본격적인 리모델링을 거쳐 정식으로 개관하였습니다.

　　도서관 앞에는 2004년에 조성된 서울광장이 펼쳐져 있습니다. 그리고 제가 관장 취임 당시 오세훈 시장으로부터 이곳을 도서관과 연계하여 독서 공간으로 만들어보라는 과제를 받았습니다. 과거에도 서울광장을 독서 공간으로 활용하려는 시도는 있었지만, 대부분 북 페스티벌과 같은 일회성 행사에 그쳐 지속성을 확보하지 못했기에 이번 기회에 오랫동안 고민해온 공공도서관 서비스 모델을 '서울야외도서관'의 형태로 실현해보고 싶었습니다.

　　그러나 연공서열 중심의 안정 지향적인 공공조직 내에서 새로운 방향으로 변화를 이끄는 일은 결코 쉽지 않았습니다. 변화를 이루기 위해서는 변화의 방향, 목표, 그리고 동력이라는 세 가지 핵심 요소가 필요합니다. 그중에서도 가장 중요한 것은 변화의 방향을 조직 내부와 공유하고 공감대를 형성하는 일이었습니다. 저는 서울도서관 구성원들과 함께 변화의 필요성과 방향을 나누고 구체적인 목표를 설정하며 변화의 동력을 만들어가기 시작했습니다.

우선 공공도서관을 지역 주민들의 소통 공간으로 확장하는 것을 목표로 삼고, 사서들 또한 지역 전문가로서 다양한 프로그램의 기획자, 조직의 운영자 그리고 교류의 촉진자로 거듭날 수 있도록 계획을 세웠습니다. 이를 위해 서울도서관장 최대 임기인 5년 중 첫 1년은 준비와 시범 서비스 운영에 집중하고, 다음 3년은 프로그램을 안정적으로 정착시키는 데 힘쓰고, 마지막 1년은 내부 역량을 안정화하여 지속가능한 기반을 마련하고자 했습니다.

## 서울야외도서관, 4가지 핵심 실험

서울야외도서관은 도서관의 범위를 건물 밖으로 확장하여 실험적인 공공서비스를 선보이며, 그 자체로 미래를 만들어나갈 수 있는 공공도서관 모델의 첫걸음이었습니다. 이 프로젝트를 성공적으로 실현하기 위해 서울도서관에서는 깊이 있는 토론을 진행했고, 다음과 같은 전략을 구사하기로 결정하였습니다.

① 새로운 지역사회 밀착 서비스 개발

오늘날 공공도서관은 시민들이 모이고 체험하고 교류하는 새로운 형태의 커뮤니티 플랫폼으로 진화하고 있습니다.

서울도서관이 기획하고 운영하는 서울야외도서관은 바로 이러한 변화에 적극적으로 대응하기 위한 도전입니다.

서울야외도서관은 도서관 건물 내부에 머물던 기존의 서비스 범위를 도시 공간 전체로 확장하여 공공도서관의 사회적 기능을 강조합니다. 대출과 열람, 강연과 북토크 같은 전통적인 도서관 서비스는 물론 영화·음악·전시·놀이·시민참여 프로그램까지 도서관 서비스의 외연이 확장된 것입니다. 특히 어린이 전용 공간이 없던 서울도서관은 야외 공간을 적극적으로 활용하여 어린이 대상 프로그램을 풍부하게 제공하고 있습니다.

이러한 확장은 서울도서관 혼자의 힘으로는 불가능합니다. 서울시 내의 다양한 부서, 외부 기관 및 단체, 지방자치단체, 외국 대사관 및 문화원 등과의 협업이 핵심입니다. 사서의 전문성과 서울시 전체의 행정 및 문화 역량이 결합하면서 서울야외도서관은 커뮤니티 플랫폼으로 거듭날 수 있었습니다.

서울야외도서관의 도전은 도서관 자원의 전통적인 3요소인 책, 건물, 사서 개념을 확장하는 데서 출발합니다. 이제는 콘텐츠(contents), 공간(space), 인력(staffs)이라는 보다 유연하고 확장된 개념으로 전환되어야 합니다. 이것이야말로 공공도서관이 시대 변화에 적응하고 지속가능성을 높이며, 동시에 다양한 시민 요구를 수용할 수 있는 길입니다.

앞에서 언급했던 미국도서관협회의 '도서관이 지역사회를

세운다!' 프로젝트와 '도서관 변혁(Library Transform)' 캠페인은 이러한 변화에 대응한 대표적 사례입니다. 사서들이 직접 문제의식을 공유하고 스스로 연구와 실천을 이어가는 멤버십 이니셔티브 그룹, 도서관의 사회적 가치와 공공성을 재조명하며 시민과 정책 결정자에게까지 영향력을 확장한 커뮤니케이션 캠페인 등은 서울야외도서관이 나아갈 방향에 중요한 시사점이 됩니다.

    서울야외도서관은 단순한 서비스 공간의 확장이 아닙니다. 시민 누구나 자유롭게 접근하고 경험을 나눌 수 있는 열린 마당, 즉 도시 전체가 도서관이 되는 새로운 공공도서관 모델을 실험하는 프로젝트입니다. 공공도서관의 미래를 위한 실천이자, 모든 시민이 정보에 기반하여 주체적으로 사회에 참여할 수 있는 환경을 조성하는 데 기여하고 있습니다. 서울야외도서관은 사람과 사람을 잇고, 생각을 확장하며, 서울시민이 함께 미래를 그리는 도서관 혁신 프로그램입니다.

② 건물 없는 도서관: 기후위기 대응과 친환경적인 정책

    세계 최초의 야외도서관으로서 담대한 도전을 시작한 서울야외도서관은 기후위기에 적극적으로 대응하며 친환경적인 정책을 수행하는 데도 기여합니다.

    기후위기와 환경적 위험은 전 지구적 재난으로서

사회시스템 변화의 중심에 있습니다. 다보스포럼(Davos Forum)으로 불리는 세계경제포럼(WEF: World Economic Forum)은 전 세계 전문가와 지도자들을 대상으로 설문을 실시해 글로벌 차원의 가장 큰 위협 요인을 분석·발표하고 있습니다. 세계경제포럼의 『2022 세계 위험 보고서』에 따르면, 향후 10년 동안 인류가 직면할 가장 심각한 글로벌 위험 상위 10개 중 무려 5개가 환경적 위험이었습니다. 『2023 세계 위험 보고서』에서도 위험 요인을 심각도에 따라 장·단기적으로 순위를 매겨 발표하였는데, 2년 후를 나타내는 단기적 위험 10개 중 5개, 10년 후를 나타내는 장기적 위험 10개 중 6개가 환경적 위험이었습니다. 특히 장기적 위험 10개 중에서 심각도가 가장 높은 1~4위 모두 환경적 위험이 차지했습니다. 『2024 세계 위험 보고서』에서도 이러한 경향은 유지됩니다. 단기적 위험 순위에서는 사회·정치적 요소들이 부각되었고 환경 관련 항목은 10개 중 2개로 줄었지만, 장기적 위험의 중심은 여전히 환경 문제가 차지하였습니다. 장기적 글로벌 위험 10개 중 5개가 환경 관련 항목으로 나타났으며, 여전히 1~4위까지가 모두 환경적 위험으로 구성된 점은 환경 문제의 심각성을 드러냅니다.

- 1위 : 극단적 기상이변
- 2위 : 지구 시스템에 대한 중대한 변화
- 3위 : 생물다양성 감소 및 생태계 붕괴

## 2024 세계경제포럼의 심각도에 따라 매긴 단기와 장기 세계 위험순위

### 단기(2년)

1. 잘못된 정보 및 허위 정보 / Misinformation and disinformation
2. 극단적 기상이변 / Extreme weather events
3. 사회적 양극화 / Societal polarization
4. 사이버 안보 불안 / Cyber insecurity
5. 국경 간 무력 충돌 / Interstate armed conflict
6. 경제적 기회 부족 / Lack of economic opportunity
7. 인플레이션 / Inflation
8. 비자발적 이민 / Involuntary migration
9. 경기 침체 / Economic downturn
10. 환경오염 / Pollution

### 장기(10년)

1. 극단적 기상이변 / Extreme weather events
2. 지구 시스템에 대한 중대한 변화 / Critical change to Earth systems
3. 생물다양성 감소 및 생태계 붕괴 / Biodiversity loss and ecosystem collapse
4. 천연자원 부족 / Natural resource shortages
5. 잘못된 정보 및 허위 정보 / Misinformation and disinformation
6. AI 기술의 부작용 / Adverse outcomes of AI technologies
7. 비자발적 이민 / Involuntary migration
8. 사이버 안보 불안 / Cyber insecurity
9. 사회적 양극화 / Societal polarization
10. 환경오염 / Pollution

■ 경제
■ 기술
■ 환경
■ 지정학
■ 사회

- 4위 : 천연자원 부족
- 10위 : 환경오염

세계경제포럼의 세계 위험 보고서는 기후위기와 생태 위기가 단순한 환경 이슈가 아니라 정치·경제·사회적 불안정성의 촉매이며, 인류의 지속가능성을 위협하는 본질적 요소로 자리 잡고 있음을 보여줍니다. 이러한 국제적 인식은 각국의 정책, 특히 지방정부나 공공기관 차원에서의 기후위기 대응 전략 수립 및 녹색 전환 정책 강화의 필요성을 뒷받침하는 중요한 지표가 됩니다.

불과 몇 년 전까지만 해도 국제사회는 이러한 환경 문제를 주로 기후위기에 대한 대응 부족, 즉 기후행동(climate action)의 부재나 미흡함의 관점에서 다루었습니다. 그러나 최근 들어 급속하게 기후 문제가 인류 삶을 위협하면서 이제는 '기후위기'에서 '기후재앙(climate catastrophe)'이라는 말이 더 자주 사용될 정도로 사태의 심각성이 커졌습니다. 2023년 3월, 기후변화에 관한 정부 간 협의체(IPCC)는 제58차 총회를 통해 제6차 평가보고서(AR6)를 만장일치로 채택하며 향후 10년이 인류의 미래를 좌우할 결정적 시기임을 지적했습니다.

이러한 국제사회 공감대에도 불구하고 현실은 더욱 악화되고 있습니다. 2024년 유엔환경계획(UNEP)의 『배출량 격차 보고서(Emissions Gap Report)』에 따르면, 2023년 전 세계 온실가스 배출량은 사상 최고치를 경신했습니다. 특히 국제원자력기구(IAEA) 및 유엔환경계획에 따르면 건물의 건축에서 발생하는 온실가스 배출량이 전체의 총 6%에 달하고 건물 운영에 따른 온실가스 배출까지 포함하면 훨씬 큰 비율을 차지합니다. 이는 도시 기반 인프라와 건축 환경 전반에 걸친 구조적 전환이 시급하다는 사실을 방증합니다.

서울도서관은 시대적 과제를 직시하며, 도서관의 탄소중립 전환을 위한 새로운 패러다임을 제시합니다. 이것이 바로 '야외도서관(Outdoor Library)', 즉 '건물 없는 도서관(Buildingless Library)' 모델입니다. 기존 도서관 자원인 '책, 건물, 사서'의 틀을 '콘텐츠, 공간, 인력'이라는 더 포괄적이고 유연한 개념으로 확장 및 재구성한 접근입니다.

이는 도서관 자원의 확장과 더불어 기후위기 대응, 포스트 팬데믹 시대의 공공서비스 혁신이라는 두 가지 흐름을 동시에 반영합니다. 이 모델은 건축 자원과 에너지 소비를 최소화함으로써 공공 인프라의 탈탄소화, 환경 감수성 제고, 공공 공간의 재정의라는 측면에서도 강력한 사회적 메시지를 담고 있습니다. 나아가 야외도서관은 팬데믹 이후 시민들이 안전하고 쾌적한 자연 공간에서 비대면 또는 비정형적인 학습과 문화 활동을 경험하려는 수요에 부응한다는 점에서도 주목받고 있습니다. 서울도서관이 제시한 '건물 없는 도서관' 모델은 지속가능한 공공도서관의 방향성을 선도하는 하나의 전환점이며 미래 전략의 한 축입니다.

이러한 가치를 반영하여 국제도서관협회연맹(IFLA: International Federation of Library Associations and Institutions) 또한 기후위기에 대응하기 위해 다양한 정책을 추진하고 있습니다. 국제도서관협회연맹은 '환경, 지속가능성 및 도서관 분야'에서 "현재 환경은 기후변화와 사회적 불평등 등 여러 위협에 직면해 있으며, 모든 조직은 지속가능한 발전을 통해 환경을 보호해야 한다. 여기에는 유엔지속가능개발목표(UN SDGs), 파리기후협약(Paris Agreement), 관련 환경 인증 및 프로그램을 준수하는 모든 도서관도 참여해야 한다"고 강조하며, 친환경 도서관의 철학적 기반과 도서관의 역할을 명확히 제시합니다. 또한 녹색(친환경)도서관 홈페이지를 통해 지속가능한 건물과 장비 관리용 체크리스트, 도서관 직원들의 학습과 조사, 파트너십 구축에 도움이 되는 자료와 이야기, 홍보용 포스터 템플릿, 국제 녹색도서관 참고문헌 등 5개 장으로 구성된 툴박스(toolbox)를 제공하며 지속적으로 업데이트하고 있습니다.

　국제도서관협회연맹이 정의하는 지속가능한 녹색도서관은 환경적, 경제적, 사회적 지속가능성을 모두 고려하며, 규모와 유형에 관계없이 아래 항목들을 포함하여 명확한 지속가능 발전 정책을 갖춰야 합니다.

- **친환경 건물과 장비** : 건물과 장비에서 발생하는 오염물질과 이산화탄소 배출량을 적극 줄이기 위한 노력
- **친환경 사무실 운영** : 일상 업무 및 업무 수행 과정 전반에서 친환경적이고 지속가능한 방식을 채택
- **지속가능한 경제** : 소비를 제한하고 자원 순환과 공유를 장려하며 공동체 구성원 모두가 도서관 자원에 접근할 수 있도록 지원
- **지속가능한 도서관 서비스** : 긍정적인 탄소발자국을 만들기 위해 최신 정보 제공, 공간 및 장비 공유, 환경 교육 제공 등 활동을 효율적으로 운영
- **지속가능한 사회** : 사회적 불평등 해소를 위해 양질의 교육, 문해력 향상, 공동체 참여, 다문화 교류, 사회통합 등 다양한 사회 참여 프로그램 추진
- **환경관리** : 환경 영향 저감을 위해 SMART(구체적, 측정 가능, 달성 가능, 현실적, 기한 내 완료) 기법을 활용한 환경 목표 설정과 정책 수립 및 수행 결과를 외부에 투명하게 공개
- **환경보호 목표 및 프로그램 참여** : 유엔지속가능개발목표, 파리기후협약 등 국제 환경 인증 및 프로그램 지침에 따라 다양한 환경보호 활동에 적극 참여

이처럼 국제도서관협회연맹의 정책은 전 세계 도서관이 지속가능하고 친환경적인 방식으로 운영되도록 국제적 기준과 방향성을 제시합니다. 기후위기와 생태 전환이라는 전 지구적 과제를 도서관이 적극적으로 수용하고 실천할 수 있도록, 다양한 정책 권고와 함께 모범 사례를 공유해왔습니다.

더불어 해당 연맹은 2016년부터 〈녹색도서관상(Green Library Award)〉을 제정·운영하여, 지속가능성에 헌신한 도서관 및 프로젝트를 매년 선정해 시상하고 있습니다. 이 상은 독일의 학술 출판사인 데 그루이터(De Gruyter)의 후원을 받아 운영되며, 전 세계적으로 기후위기 대응과 생태 감수성을 높이기 위한 도서관의 전략과 실천을 조명하는 대표적인 국제 상입니다.

최근 아시아 국가들의 활약이 두드러지는 가운데, 대한민국에서는 서울도서관이 최초로 이 상에 도전하여 수상하는 쾌거를 이루었습니다. 서울도서관은 '녹색도서관 프로젝트' 부문에 출전하여, 세계 최초로 제안한 '건물 없는 도서관' 개념을 중심으로 지속가능한 도서관 모델을 제시하였습니다. 또한 에너지 절약 및 탄소 저감을 위한 시민 실천 캠페인인 '끄고 도서관으로(OFF & LIBRARY)', 여름철 절전 독려 메시지를 담은 '도서관은 쿨(COOL)하다'와 겨울철 난방 절약을 유도하는 '도서관은 핫(HOT)하다' 등 독창적인 커뮤니케이션 전략도 함께 소개하였습니다. 특히 코로나19 팬데믹 이후 서울광장 야외 공간에서 운영된 다양한 친환경 프로그램과 도서관 내·외부를 통합한 생태문화 확산 전략이 높은 평가를 받았으며, 도서관이 환경 실천의 플랫폼이자 시민 인식 전환의 장이 될 수 있다는 점에서 국제적으로 많은 주목을 받았습니다.

'도서관은 쿨하다' 포스터(위)
'도서관은 핫하다' 포스터(아래)

국제도서관협회연맹 녹색도서관상에 대한 대한민국 도서관들의 적극적인 도전을 응원하며 신청 및 평가 방법을 간단히 소개합니다. 신청자는 '최고의 녹색도서관/초대규모 프로젝트' 또는 '최고의 녹색도서관 프로젝트' 중 하나를 선택해 신청하며, 제출된 서류를 토대로 심사위원회가 평가합니다.

**제출 서류**
- 도서관명, 국가, 관종
- 도서관 연간 예산
- 프로젝트 사용 예산
- 도달한 평균 사용자 수(영향 범위)
- 영어 초록 및 전체 제출 문서(한국어는 공식 언어가 아님)
- 자기평가 양식
- 출판 허가
- 최종 명단 선정 시 슬라이드 프레젠테이션 2부
- 저작권 있는 보도 사진

**2025년 국제도서관협회연맹 녹색도서관상 평가 기준**
- 환경적 지속가능성 실천: 건물 운영, 자원 절약, 폐기물 관리 등 도서관의 친환경적 노력
- 사회적·경제적 기여: 이용자의 지속가능한 삶 지원, 지역사회 환경 정보 제공 및 참여 유도
- 활동의 전달 및 영향: 녹색 활동의 홍보 효과와 실제적인 사회적 영향

녹색도서관상의 구체적인 제출 방법과 평가 기준에는 지속가능한 도서관 구축을 전 세계 도서관의 공동 과제로 확립하고자 하는 국제도서관협회연맹의 의지가 담겨 있습니다. 이는 각국 도서관들이 환경적 실천 현황을 점검하고 친환경 운영 역량을 체계적으로 강화해나가기 위한 중요한 기준점이자 실천 지침이 됩니다.

사회 변화와 공공의 가치를 함께 실현하는 공공도서관이 기후위기에 능동적으로 대응하는 것은 더 이상 선택의 문제가 아닙니다. 도서관이 지속가능성과 환경 감수성을 갖춰야 한다는 점은 시대적 요청이자 책무입니다. 이러한 맥락에서 서울도서관이 제안한 '건물 없는 도서관' 모델은 기존 대형 건물 중심의 도서관 확충 방식에 대한 성찰이자 대안이 됩니다. 기존 건축 인프라를 활용하면서도 야외 공간을 창의적으로 전환하여 친환경적이고 이용자 중심적인 도서관 서비스를 확장할 수 있다는 점에서 발전적인 패러다임을 제시합니다.

앞으로 도서관 건축과 운영의 기준은 외형의 크기나 장식적 아름다움이 아니라 국제도서관협회연맹이 제시하는 '녹색도서관 체크리스트(Green Library Checklist)'와 같은 환경 요소가 될 것입니다. 이 체크리스트는 총 12개 대항목으로 구성되어 있으며, 누구나 국제도서관협회연맹 공식 홈페이지에서 PDF 형식으로 다운로드하여 활용할 수 있습니다. 도서관 설계자, 운영자, 정책 입안자들이라면 반드시 참고해야 할 실천 매뉴얼입니다.

　코로나19 팬데믹 이후 보다 안전하고 개방적인 공공공간에 대한 수요가 높아진 지금, 도서관 공간은 더 이상 건물에만 국한될 필요가 없습니다. 오히려 지금이야말로 도서관 관계자와 이용자가 함께 도서관의 철학적·공간적 경계를 재정의할 기회입니다. 기후위기에 선제적으로 대응하고 모두가 안전하고 지속가능하게 이용할 수 있는 도서관을 함께 만들어나가는 것, 그것이 오늘날 공공도서관이 추구해야 할 새로운 비전이라고 생각합니다.

③ 조직 및 공간 혁신

　정보 접근성과 기술 인프라가 비약적으로 발전할수록 삶의 방향, 공동체의 가치, 인간 존재에 대한 성찰은 점점 흐릿해지고 있습니다. 바로 여기서 우리는 공공도서관의 사명을 다시 점검하는 질문들과 마주하게 됩니다. 인공지능 기술의 시대는 공공도서관의 실질적 역할과 존재 이유에 대한 근본적인 재성찰을 요구하고 있습니다. 이에 공공도서관은 시민이 자기 삶을 성찰하고, 공동체적 연대를 탐색할 수 있는 공적 사유의 플랫폼으로 거듭나야 합니다.

　공공도서관은 크게는 빅 퀘스천(Big Question), 즉 인간 존재의 근원에 대한 철학적 물음을 비롯한 우리가 함께 어울려 사는 공동체에 대해 고민하고, 작게는 내가 행복하게 살 수 있는 방법에 대한 질문의 힘을 키울 수 있도록 다양한 정보와 체험 그리고 교류 서비스를 제공하여야 합니다.

화가 폴 고갱(Paul Gauguin) 또한 '우리는 어디서 왔는가? 우리는 누구인가? 우리는 어디로 가는가?'라는 철학적 물음을 예술로 승화해서 나타냈습니다. 인류는 오랫동안 자아와 타자에 대한 고민을 지속해왔습니다. 이처럼 개인이 자신의 삶을 고민하고 선택하는 과정에서 정보센터, 문화센터, 평생교육센터로서 공공도서관의 역할을 생각해볼 수 있습니다.

인간은 혼자서는 살 수 없는 존재입니다. 모두 누군가와 함께 공동체를 이루며 살아갑니다. 공동체의 범위는 가족과 친구부터 시작해 학교, 동네, 사회, 나라, 더 나아가 전 세계까지 그 범위가 점점 넓어지고 있습니다. 함께 살아가는 사회에 대한 생각은 문화마다 조금씩 다르지만, 공통된 가치를 담고 있습니다. 대한민국에서는 예로부터 나눔과 협력을 중요하게 여겼습니다. 대한민국의 과학자이자 철학자인 장회익 선생은 공동체의 연대를 '온생명'이라는 개념으로 설명했습니다. 온생명은 나 하나의 생명뿐 아니라 나를 둘러싼 자연환경과 다른 생명들까지 모두 연결된 하나의 큰 생명이라는 뜻을 내포합니다. 중국에는 대동사회(大同社會)라는 말이 있습니다. 이 말은 옛 공자의 책 『예기(禮記)』에서 나온 말로 모두가 평등하게 어울려 살아가는 이상적인 사회를 뜻합니다. 한편 커뮤니티(community)라는

폴 고갱, 우리는 어디서 왔고, 우리는 무엇이며, 우리는 어디로 가는가,
1897~1898년

영단어는 함께(con)와 봉사(munis)라는 뜻을 담고 있는 라틴어 'communitas'에서 유래했습니다. 이 개념들은 모두 서로 돕고 책임을 나누며 살아가야 한다는 의미를 가집니다. 동서양을 막론하고 인간이라는 존재는 공동체 속에서 서로에게 영향을 주고받는 하나의 유기체처럼 살아갑니다. 내가 건강하게 살기 위해서는 주변 생명도 건강해야 하고, 나 혼자 잘 살 수는 없다는 것입니다. 따라서 도서관도 결국 함께 살아가는 공동체를 지탱하는 중요한 공간이어야 합니다.

이에 공공도서관은 지역 마을부터 지구적 문제에 이르기까지 공동체에 대한 관심을 촉진하고, 공동체 문제를 발견하고 문제해결에 참여하도록 돕는 다양한 서비스를 제공해야 합니다. 동시에 이용자 역시 이러한 시스템에 적극적으로 참여해야 합니다.

이제 공공도서관은 정보센터와 문화센터, 평생교육센터를 넘어 사람과 사람을 연결하고, 함께 배우고 성장할 수 있는 체험과 교류의 플랫폼으로 확장되어야 합니다. 지역 주민의 삶을 실질적으로 변화시키는 참여형 서비스가 그 중심에 놓여야 합니다.

이와 같은 새로운 사명과 서비스 구조를 실현하기 위해서는 기존의 열람·대출 중심 조직에서 벗어나 프로그램 기획, 커뮤니티 협력, 디지털 콘텐츠 운영 등 다양한 전문성을 수용할 수 있는 유연한 조직 체계가 요구됩니다. 사서 재배치와 직무 재설계, 역량 강화 교육이 필수적이며, 동시에 다양한 분야의 전문 인력이 함께하는 다학제적 운영팀 구성도 중요할 것입니다. 나아가 도서관 운영에 참여하는 모든 스태프는 열린 마음과 협업 의지를 갖추고 있어야 하며, 기관 간 협력과 지역사회 연대를 통해 함께 성장하는 도서관 생태계를 만들어가야 합니다.

공공도서관의 역할이 변화함에 따라 건물 내외부 공간도 새롭게 재구성되어야 합니다. 층마다 혹은 서가마다 존재하던 대출·반납 데스크는 이제 구시대의 시설이 되었습니다. 자료 열람 위주의 공간, 개인학습만을 위한 공간 역시 지양해야 합니다. 도서관의 공간 개념은 건물 내부뿐만 아니라 외부 공간까지 확대되어야 하며, 자료 공간·서비스 공간·체험과 교류 공간의 재배치와 확장이 필요합니다. 건물 내 공간은 최대한 유연하게 구획하여 다양한 활동에 대응할 수 있어야 하며, 건물 밖 공간과의 연계를 통한 시너지 효과도 고려해야 합니다.

대한민국의 도서관 건물 설계 역량은 이미 국제적으로 인정받고 있습니다. 2017년 7월 CNN이 선정한 세계에서 가장 아름다운 7대 도서관 중 하나인 독일 슈투트가르트 시립도서관은 대한민국 건축가 이은영의 작품이었습니다. 1999년 그는 슈투트가르트시에서 주관한 공개 설계 공모 가운데 이탈리아의 판테온과 한옥의 창호에서 영감을 받아 이 건축물을 설계하였습니다. 2011년 개관한 이 도서관은 심장을 가진 책의 신전으로 불리며, 정사면체 모양의 외벽에는 독일어, 영어, 아랍어와 함께 한글 명조체로 '도서관'이라는 글자가 음각되어 있습니다.

　이제 도서관 설계는 단순히 건물과 조경에만 국한되어서는 안 됩니다. 건물 내외부가 새로운 커뮤니티 플랫폼으로 기능하기 위한 최적의 설계가 필요합니다. 내부와 외부를 아우르는 통합적이고 유기적인 공간 개념이 필수적이며, 친환경적 요소 또한 반드시 포함되어야 합니다. 아울러 진화하는 도서관 서비스를 수용할 수 있는 유연한 공간 설계 역시 중요합니다.

　공공도서관 서비스의 혁신과 다양화는 새로운 조직 설계와 구성원의 변화뿐 아니라, 공간에 대한 새로운 패러다임을 요구하고 있습니다. 서울야외도서관은 서비스의 확장을 넘어, 도서관 조직과 공간에 대한 과감한 도전이기도 합니다.

④ 사서의 정체성 정립

　서울야외도서관은 공공도서관 사서에게 필수적이고 기본적인 자긍심과 소명 의식, 그리고 지역 전문가로서 자세를 확립하는 기회가 됩니다.

　그동안 서울도서관은 서울시 4급 사업소로서 이용자뿐 아니라 서울시 내부에서도 큰 관심을 받지 못했습니다. 주요 사업도 기본적인 대출·열람 서비스와 서울시 소재

슈투트가르트 시립도서관 전경 및 내부

공공도서관 지원 사업에 한정되어 있었습니다. 그러나
도전적이고 확대된 서비스를 기획·운영하는 과정에서
서울도서관 구성원 모두가 서울도서관 직원으로서, 서울시
공무원으로서, 그리고 사서라는 전문 직업인으로서
스스로의 정체성을 다시 인식하는 계기를 만들어냈습니다.

업무별 담당자 전원이 참여하는 기획·운영·평가 회의를
통해 조직원들은 적극적인 태도를 형성하고, 소소하지만
지속적인 성공들을 바탕으로 도서관 운영의 적극적인
주체로서 스스로를 인식하기 시작했습니다. 그 결과
서울도서관은 서울시 내에서도 많은 응원을 받는 조직으로
거듭났으며, 여러 부서에서 끊임없이 협업 요청을 받는
조직이 되었습니다.

서울야외도서관이 안착하는 데는 과감한 혁신에 대한
오세훈 시장의 관심과 격려도 커다란 역할을 했습니다.
이용자들의 따뜻한 격려와 문화본부의 주요 사업으로서의
인정, 프로그램 성과에 대한 칭찬 등 긍정적인 피드백도
한몫했습니다. 관심과 격려, 비판조차 생소했던 직원들은
이제 다양한 경험을 통해 서울이라는 지역을 깊이 이해하며,
폭넓은 네트워크를 갖춘 전문가로 성장하고 있습니다.
아직도 더 많은 역량 강화를 위해 노력해야 하지만, 이러한
조직문화의 변화는 광역대표도서관으로서 서울도서관이
발전하는 출발점이자 새로운 정책 개발 및 시행의 첫
걸음이라고 생각합니다.

서울도서관은 환경 변화에 선제적으로 대응하고, 그에 맞는 서비스를 개발·확산하는 정책도서관으로서의 역할도 적극 수행할 준비가 되어 있습니다. 지역사회에 밀착된 새로운 서비스 개발, 건물 없는 도서관을 통한 기후위기 대응과 친환경 정책 추진, 확대된 서비스를 위한 조직과 공간 혁신, 그리고 공공도서관 사서로서 자긍심과 소명의식 고취, 지역 전문가로서 자세 확립이 서울야외도서관을 통해 제가 달성하고자 하는 목표입니다. 서울야외도서관이 서울도서관뿐 아니라 대한민국 공공도서관, 더 나아가 전 세계 공공도서관에도 의미 있는 변화를 이끌어내는 새로운 계기가 되기를 기대합니다.

# 서울야외도서관이란 무엇인가?

## 서울야외도서관은 '도서관'이다

서울야외도서관을 어떻게 설명할까 고민하다 다음과 같이 키워드를 중심으로 설명해보기로 하였습니다.

서울야외도서관을 설명하는 첫 번째 키워드는 '도서관'입니다. 도서관에 대한 사전적 의미는 "온갖 종류의 도서, 문서, 기록, 출판물 따위의 자료를 모아 두고 일반이 볼 수 있도록 한 시설"입니다. 대한민국 「도서관법」에서는 "국민에게 필요한 도서관 자료를 수집·정리·보존·제공함으로써 정보 이용·교양 습득·학습 활동·조사 연구·평생학습·독서문화 진흥 등에 기여하는 시설"로 정의하고 있습니다. 전 세계에서 보편적으로 통용되는 개념을 이해하기 위해 국제도서관협회연맹이 제시하는 주요 개념들을 소개하고자 합니다. 도서관의 대표 연맹인 국제도서관협회연맹의 사명, 비전, 핵심 가치, 10대 과제, 그리고 행동 방침을 살펴보면, 국제도서관협회연맹 자체를 하나의 '도서관'으로 간주해도 무리가 없을 정도로 도서관의 방향성과 역할을 포괄하고 있음을 알 수 있습니다.

**국제도서관협회연맹의 주요 사명**

- 우리는 우리의 목표와 가치를 통해 전 세계적으로 단합한다. 우리가 발견한 가장 중요한 점은 모든 지역과 도서관 유형, 도서관 경험의 정도를 넘어서 우리가 도서관의 영속적인 가치와 역할에 대한 믿음을 깊이 공유하고 있다는 것이다.
- 우리는 세계적인 행동과 지역적인 행동을 효과적으로 연결해야 한다. 공통의 도전 과제에 대응하면서 도서관계를 단합시키기 위해서는 지역적인 특징과 요건들을 인식하는 일이 필수적이다.

**국제도서관협회연맹의 비전:**
**지식과 정보로 여는 모두의 지속가능한 미래**

- 우리의 비전은 우리가 미래에 창조하고자 하는 세상을 정의한다. 그것은 우리의 활동 전반에 걸쳐 기준점을 제공하며, 우리의 전반적인 성공은 우리가 이것을 실현하는 데 얼마나 도움을 주는지에 따라 측정된다. 전략에 명시된 대로, 우리의 업무는 도서관, 도서관 인력 및 도서관 협회가 전 세계적으로 역량, 관계, 자신감 및 회복력을 갖춰 빠르게 변화하는 세상에서 포용적이고 권리 기반의 지속가능한 개발을 추진할 수 있는 잠재력을 실현하도록 설계되었다.

**국제도서관협회연맹의 핵심 가치**

- 세계인권선언 제19조에 명시된 정보, 사상, 상상 작품에 대한

접근의 자유와 표현의 자유 원칙을 지지하는 것.
- 사람들, 지역사회와 조직들의 사회적, 교육적, 문화적, 민주적, 경제적 복지를 위해 정보, 아이디어, 상상력 작품에 대한 보편적이고 공평한 접근이 필요하다고 믿는 것.
- 고품질의 도서관 및 정보 서비스를 제공하면 접근성이 보장된다고 확신하는 것.
- 다양성과 포용성을 증진하고 가치 있게 여기겠다는 의지, 특히 연령, 시민권, 장애, 민족성, 성 정체성, 지리적 위치, 언어, 정치 철학, 인종, 종교적 신념, 성별, 성적 지향 또는 사회경제적 지위 등에 관한 다양성과 포용성을 증진하고 가치 있게 여기며 관련 정책과 관행을 적극적으로 추진하는 것.

**국제도서관협회연맹의 10가지 주요 과제**

① 우리는 정보와 지식에 대한 평등하고 자유로운 접근성을 증진하는 일에 헌신한다. 도서관계 전반에 걸쳐서 정보와 지식에 대한 평등하고 자유로운 접근성의 증진이 가장 중요한 가치로 손꼽혔다.

② 우리는 지속해서 문해력, 배움 그리고 독서를 지원하기 위해 노력한다. 우리의 전통적인 강점 영역인 배움, 문해력과 독서에 대한 지원은 도서관의 사명을 달성하기 위한 핵심적인 과업으로 널리 인식되고 있다.

③ 우리는 지역사회를 위한 서비스에 주력한다. 지역사회를 어떻게 정의하는가에 상관없이 우리는 모든 이용자들의 욕구를 충족시키기 위해 최선을 다한다. 우리는 다양성과 포용 그리고

비상업적인 공적 공간의 제공을 목표로 한다.
④ 우리는 디지털 혁신을 포용한다. 현재 도서관이 얼마나 포괄적으로 기술을 사용할 수 있으며 또 사용하고 있는가에 상관없이, 사회를 더욱 풍요롭게 하는 도서관의 잠재력을 실현하기 위해서는 디지털 혁신의 역할이 필수적이라는 데 도서관계가 강력히 동의한다.
⑤ 도서관계의 리더들은 강력한 지지·홍보가 필요함을 인식하고 있다. 도서관계의 리더들은 계속해서 영향력 있는 인사 및 더욱 넓은 공동체와의 협력을 통한 적극적인 지지·홍보 활동을 우선 과제로 꼽고 있다.
⑥ 재원 마련은 우리의 가장 큰 도전 과제 중 하나이다. 자원을 확보하고 최대의 효과를 위해 배분하는 일은 지역사회의 필요에 효과적으로 대응하는 서비스를 제공하는 과정에서 매우 중요한 부분이다.
⑦ 협업과 파트너십을 구축할 필요가 있다. 강하고 단합된 도서관계를 구축하기 위해서는 도서관계 내의 협력과 외부와의 파트너십이 필수적이다.
⑧ 우리는 관료주의와 경직성 및 변화에 대한 저항을 줄이기 위해 노력한다. 도서관계는 보다 적극적인 접근법을 취하고, 혁신을 수용하며, 낡고 제한적인 관행에서 탈피하고자 하는 의지를 공유한다.
⑨ 우리는 세계의 기억을 지키는 수호자들이다. 도서관은 전 세계의 문헌 유산과 거기에 담긴 아이디어 및 창의성을 수호하는 주된 보관소이다. 우리는 미래세대를 위해 지식을 보존하고 조직하는 일에 고유한 전문성을 갖고 있다.

⑩ 우리의 젊은 전문가들은 깊이 헌신하며 기꺼이 리더가 되고자 한다. 도서관계의 젊은 세대들이 이 과정에 열정적으로 참여하는 모습은 이들이 도서관계의 미래를 구축하는 일에 얼마나 적극적으로 참여하고자 하는가를 보여주는 증거이다.

**국제도서관협회연맹의 10가지 행동 방침**

① 우리는 지적 자유의 수호자가 되어야 한다. 정보와 지식에 대한 평등하고 자유로운 접근성은 표현의 자유에 달려있다. 이를 수호하는 도서관의 역할이 보다 잘 이해될 필요가 있다.
② 우리는 디지털 시대에 우리의 전통적인 역할들을 갱신해야 한다. 디지털 시대에 유의미한 방식으로 배움과 문해력과 독서를 지원하기 위해서는 도서관이 끊임없이 변화해야 한다. 서비스와 장서와 관행을 발전시켜 이용자의 기대에 부응할 수 있어야 한다.
③ 우리는 지역사회의 필요를 보다 잘 이해하여 파급력 있는 서비스를 기획해야 한다. 도서관의 활동 반경을 확장함으로써 지역의 파트너들과 연계하고, 지역사회의 새로운 영역과 소외된 영역들에 다가가며, 주민들의 삶에 가시적인 영향을 끼칠 수 있을 것이다.
④ 우리는 끊임없이 변화하는 기술에 발맞춰 나가야 한다. 모든 도서관이 디지털 혁신에 따른 기회를 활용하기 위하여 올바른 도구와 인프라, 자금과 기술을 갖추도록 하는 일이 시급하다.
⑤ 우리는 모든 수준에서 지지·홍보 활동을 더 많이 하고 더욱 잘해야 한다. 인식을 개선하고 궁극적으로 우리의 목표를 달성하기 위해 지지·홍보 활동이 필요함을 도서관계의 모든

이들이 보다 깊이 이해할 필요가 있다. 모든 사서는 도서관의
옹호자이다!

⑥ 우리는 이해관계자들이 우리의 가치와 영향력을 이해하도록
만들어야 한다. 가치를 전달하는 도서관의 역량을 보다
효과적으로 보여줌으로써 의사결정자들의 이해와 지지를
이끌어낼 수 있을 것이다.

⑦ 우리는 협력 정신을 발전시킬 필요가 있다. 협력을 가로막는
물리적인 장벽과 심리적인 장벽을 이해하고 이에 대응함으로써
고립 속에서 일하는 경향을 없애고 단합된 도서관계의 비전을
실현할 수 있을 것이다.

⑧ 우리는 현재의 구조와 행동에 도전해야 한다. 우리의 수동적인
사고방식을 극복하고 혁신과 변화를 포용함으로써 도서관계가
직면하고 있는 도전을 극복할 수 있을 것이다.

⑨ 우리는 전 세계의 문헌 유산에 대한 접근성을 최대화해야 한다.
단합된 공동체로서 우리는 혁신적인 관행과 도구를 채택하고,
전문성과 자원을 공유하고, 우리가 수호하는 저작물들에 대한
접근성을 높이기 위해 법적 및 재정적 문제들에 대한 해결책을
지지·홍보해야 한다.

⑩ 우리는 젊은 전문가들이 배우고, 발전하고, 리더십을 발휘할 수
있는 효과적 기회를 제공해야 한다. 젊은 도서관 전문가들을
계발하여 연결하는 도서관계의 역량은 변화하는 욕구에
부응해야 하며 그들이 미래의 지도자가 될 수 있도록 지원해야
한다.

국제도서관협회연맹이 제시하는 몇 가지 개념들이 도서관의 가치를 이해하는 데 도움이 되었으리라 생각합니다.

도서관은 전통적으로 자원(resource), 서비스(service), 이용자(user)라는 세 가지 핵심 요소로 구성되어 있습니다.

이 중 도서관 자원은 도서관의 핵심 구성 요소 중 하나로, 좁은 의미에서는 도서관이 제공하는 정보 자료의 집합을 의미합니다. 도서관 자원은 도서관의 서비스와 프로그램을 지원하는 기초가 되며, 이용자의 다양한 요구를 충족시키는 데 중요한 역할을 합니다. 좁은 의미의 자원에는 인쇄 자료, 디지털 자료 및 멀티미디어 자료 같은 종류가 포함됩니다. 그러나 넓은 의미에서의 도서관 자원에는 자료뿐 아니라 도서관 서비스를 제공하는 건물과 사서가 포함됩니다.

도서관 서비스는 도서관이 이용자에게 제공하는 모든 정보와 지원을 말합니다. 이와 같은 서비스는 도서관이 지식 공유와 커뮤니티 연결의 중심 역할을 할 수 있게 합니다. 통상적 도서관 서비스는 관종에 따라 약간의 차이가 있지만 정보센터, 문화센터 및 평생교육센터로서의 서비스를 포함합니다. 공공도서관의 경우 커뮤니티 센터로서의 역할도 제공하면서 그 중요성이 점차 두드러지고 있습니다.

도서관 이용자는 가장 중요한 구성 요소로, 도서관의 자원과 서비스를 이용하는 개인이나 집단을 의미합니다. 특히 공공도서관은 커뮤니티를 구성하는 다양한 이용자 그룹의 요구를 이해하고 충족시키기 위해 노력해야 하며, 그들의 피드백을 반영하여 서비스와 자원을 개선할 수 있어야 합니다.

    이렇게 자원, 서비스, 이용자라는 세 요소는 도서관의 기능적이며 구조적인 기초를 형성하며, 이러한 요소들은 상호작용하며 도서관의 전반적인 효과성을 높입니다. 따라서 풍부한 자원을 확보하여 다양하고 질 높은 도서관 서비스를 제공함으로써 이용자의 요구를 최대한 충족시키는 것이 좋은 도서관입니다.

    과거 도서관은 책, 건물, 사서라는 전통적 자원 중심의 개념 아래 주로 대출, 열람, 참고 서비스에 초점을 맞추며 조용한 학습 공간으로 인식되었습니다. 그러나 디지털 혁신과 인공지능 기술의 발전은 도서관 자원 개념을 근본적으로 재편하고 있습니다. 오늘날 도서관 자원은 콘텐츠, 공간, 스태프라는 새로운 세 축을 중심으로 진화하고 있습니다.

    인쇄물은 이미 다양한 디지털 자료로 확대되고 있습니다. 자료 형태로 보면 텍스트에서 이미지, 소리 및 동영상 등으로 변하고 있습니다. 공공도서관은 여기에 이용자의 체험과 참여 그리고 교류를 위한 다양한 형태의 콘텐츠를 확보하여야 합니다.

    책의 보존과 열람을 위한 공간이었던 도서관 건물도 이제는 다양한 야외 공간으로도 확대하여 토론, 모임, 공연 등 체험과 교류를 위한 유연한 공간으로 재편해야 합니다.

자료의 저장 공간은 이미 건물 내의 아날로그 서가뿐만 아니라 디지털 저장 공간으로 변화하고 있습니다.

자료의 분류와 정리 그리고 열람 및 참고 봉사로 상징되던 사서만으로는 이렇게 확대된 공공도서관 서비스를 효율적으로 제공하지 못합니다. 이제 자료의 분류와 열람 및 참고 봉사는 인공지능 사서가 훨씬 더 잘 할 수 있는 시대가 되었습니다. 공공도서관 사서는 커뮤니티 전문가가 되어 정보, 문화 및 교육센터를 넘어 다양한 체험과 교류를 제공하는 프로그램을 기획하고 촉진하는 능력을 배양해야 합니다. 사서뿐 아니라 행정, 홍보 등 전문성을 가진 다양한 운영진을 확보하는 것도 필요합니다.

오늘날의 도서관은 연구 지원·교육·문화·체험·교류를 포괄하는 복합적 사회 기반 시설로 진화하고 있습니다. 서울야외도서관은 이러한 흐름에 선도적으로 대응하며, 세계 최초의 건물 없는 도서관 모델을 제시하고 있습니다. 이는 기후위기 대응과 지속가능한 도서관 서비스 구현이라는 공공도서관의 새로운 방향성을 제안하는 혁신적 도서관 사례입니다.

## 서울야외도서관은 '공공'도서관이다

서울야외도서관을 설명하는 두 번째 키워드는 '공공'도서관입니다. 서울도서관은 대한민국 「도서관법」에 의해 서울지역을 대표하는 서울의 대표공공도서관입니다. 「도서관법」에 의하면 도서관은 그 설립·운영 주체에 따라 국립, 공립 및 사립도서관으로 구분하고, 설립 목적 및 대상에 따라 공공, 대학, 학교, 전문 및 특수도서관으로 구분하고 있습니다. 공공도서관에 대한 사전적 의미는 일반 대중의 정보 이용, 문화 활동 및 평생교육 활동을 증진할 목적으로 설치된 도서관입니다. 「도서관법」에서는 공중의 정보 이용·독서 활동·문화 활동 및 평생학습을 주된 목적으로 하는 도서관으로 정의하고 있습니다.

도서관계에서는 공공도서관을 가장 잘 설명하는 것으로 「IFLA/UNESCO 공공도서관 선언(IFLA/UNESCO Public Library Manifesto)」을 제시합니다. 제가 광진정보도서관 관장으로 취임하자마자 했던 일이 도서관 정문 위에 이 선언을 크게 게시한 것입니다. 이 선언만큼 분명하게 공공도서관을 가장 잘 설명할 수 있는 것도 없습니다.

1949년에 유네스코는 공공도서관의 목적에 관한 선언을 발표했고, 1972년에 그동안의 사회 변화와 발전을 고려하여 국제도서관협회연맹과 공동으로 1949년의 선언문을 수정하였습니다. 이 선언은 1994년에 한 차례 더 수정되었으며, 이후 2022년 7월 제87차 세계도서관정보대회(WLIC)에서 개정판이 발표되었습니다. 새로운 선언은 1994년 공공도서관 선언이 오늘날 공공도서관의 현실을 충분히 반영하지 못한다는 인식 아래,

다양한 의견을 수렴하고 유네스코와 협력하여 새롭게 작성 및 발표된 것입니다.

「IFLA/UNESCO 공공도서관 선언」은 서문, 공공도서관, 공공도서관의 사명, 재원·법률 및 네트워크, 운영 및 관리, 협력 관계 및 선언의 이행으로 구성되어 있습니다. 공공도서관을 이해하는 핵심적인 내용이 잘 정리되어 있어 전문을 소개합니다.

### 2022 IFLA/UNESCO 공공도서관 선언

자유와 번영, 사회와 개인의 발전은 인간의 기본적인 가치다. 이는 민주적 권리를 행사하고 사회에서 적극적인 역할을 할 수 있는 정보에 정통한 시민들의 능력을 통해서만 달성될 것이다. 건설적인 참여와 민주주의의 발전은 지식, 사상, 문화, 정보에 대한 제한 없는 자유로운 접근뿐만 아니라 만족스러운 교육에 달려 있다. 지식의 지역 관문인 공공도서관은 개인과 사회 집단의 평생학습, 독립적 의사결정, 문화적 발전을 위한 기본 조건을 제공한다. 이는 상업적, 기술적 또는 법적 장벽 없이 과학적 및 지역적 지식을 포함한 모든 종류의 지식을 만들고 공유할 수 있도록 함으로써 건강한 지식사회를 뒷받침한다. 모든 나라에서, 그러나 특히 개발도상국에서 도서관은 가능한 한 많은 사람이 지식사회와 공동체의 문화적 삶에 대한 교육과 참여에 대한 권리에 접근할 수 있도록 돕는다. 이 선언문은 공공도서관에 대한 유네스코의 믿음을 교육, 문화, 포용, 정보를 위한 살아있는 힘, 지속가능한 발전을 위한 필수 주체, 그리고 모든 개인의 마음을

통한 평화와 영적 복지의 개인적 성취로 선언하고 있다. 따라서
유네스코는 국가 및 지방자치단체가 공공도서관 개발을 지원하고
적극적으로 참여하도록 권장하고 있다.

**공공도서관**

공공도서관은 모든 종류의 지식과 정보를 사용자들이 쉽게 이용할
수 있도록 하는 지역 정보의 중심지이다. 이는 지식 사회의 필수적인
구성 요소이며, 모든 사람에게 정보에 대한 보편적 접근을 제공하고
의미 있는 사용을 가능하게 하는 그들의 사명을 이행하기 위해
지속적으로 새로운 의사소통 수단에 적응한다. 지식 생산, 정보 및
문화의 공유 및 교환, 시민 참여 촉진을 위해 공개적으로 접근할
수 있는 공간을 제공한다. 도서관은 지역사회의 창조자로, 새로운
청중들에게 적극적으로 다가가고 효과적인 경청을 사용하여
지역적 요구를 충족시키고 삶의 질 향상에 기여하는 서비스의
설계를 지원한다. 대중의 도서관에 대한 신뢰에의 보답으로, 그들의
지역사회를 적극적으로 알리고 인지하는 것이 공공도서관의
지향점이다. 공공도서관의 서비스는 나이, 민족, 성별, 종교, 국적,
언어, 사회적 지위 및 기타 특징에 상관없이 모두를 위한 접근의
평등에 기초하여 제공된다. 어떤 이유로든 일반 서비스와 자료를
사용할 수 없는 사용자(언어적 소수자, 장애인, 디지털 또는 컴퓨터
기술 부족, 문해 능력 부족, 병원 및 교도소에 있는 사람)를 위해 특정
서비스와 자료가 제공되어야 한다. 모든 연령층은 자신의 필요에
맞는 자료를 찾아야 한다. 장서와 서비스는 전통적인 자료뿐만
아니라, 모든 유형의 적절한 미디어와 현대 기술을 포함해야 한다.
높은 품질, 지역적 요구와 여건과의 관련성, 지역사회의 언어와

문화적 다양성을 반영하는 것은 기본이다. 물질은 인간의 노력과 상상력에 대한 기억뿐만 아니라 현재의 추세와 사회의 진화를 반영해야 한다. 장서와 서비스는 어떠한 형태의 이념적, 정치적, 종교적 검열이나 상업적 압력의 대상이 되어서는 안 된다.

**공공도서관의 사명**

정보, 읽고 쓰는 능력, 교육, 포용력, 시민 참여 및 문화와 관련된 다음과 같은 핵심 임무가 공공도서관 서비스의 핵심이 되어야 한다. 이러한 주요 임무를 통해 공공도서관은 지속가능한 개발 목표와 보다 평등하고 인간적이며 지속가능한 사회의 건설에 기여한다.

① 검열에서 자유로운 광범위한 정보 및 아이디어에 대한 접근 제공, 모든 수준의 공식 및 비공식 교육 및 평생학습 지원, 삶의 모든 단계에 있는 사람들을 위한 지속적이고 자발적이며 능동적인 지식 추구를 가능하게 한다.
② 개인의 창의적 발전을 위한 기회를 제공하고 상상력, 창의력, 호기심 및 공감을 자극한다.
③ 출생부터 성인까지의 독서 습관을 조성하고 강화한다.
④ 지식적이고 민주적인 사회를 갖추는 정신으로 읽고 쓰는 능력을 기르기 위한 문해력 활동과 프로그램에 참여하고, 모든 연령대의 모든 사람들을 위한 미디어 및 정보 이해력과 디지털 이해 능력의 개발을 촉진한다.
⑤ 가능할 때마다 정보, 수집 및 프로그램에 접근할 수 있는 디지털 기술을 통해 직접 또는 원격으로 지역사회에 서비스를 제공한다.
⑥ 모든 사람이 모든 종류의 커뮤니티 정보에 접근할 수 있도록

보장하고, 사회 구조의 핵심에 있는 도서관의 역할을 인식하여 커뮤니티를 조직하는 데 기회를 보장한다.

⑦ 사용자의 삶에 영향을 미칠 수 있는 연구 결과 및 건강 정보와 같은 과학적 지식에 대한 접근 기회를 지역사회에 제공하고 과학적 진보에 참여할 수 있도록 한다.

⑧ 지역 기업, 협회 및 이익단체에 적절한 정보 서비스를 제공한다.

⑨ 지역 및 토착 데이터, 지식 및 유산(구전 포함)의 보존 및 접근, 지역사회가 커뮤니티의 희망에 따라 캡처, 보존 및 공유할 자료를 식별하는 데 적극적인 역할을 할 수 있는 환경을 제공한다.

⑩ 문화 간 교류 촉진 및 문화적 다양성을 수락한다.

⑪ 문화적 표현과 유산에 대한 보존과 의미 있는 접근, 예술의 감상, 과학적 지식, 연구와 혁신에 대한 개방적인 접근, 그리고 디지털화된 그리고 타고난 디지털 자료를 촉진한다.

**재원, 법률 및 네트워크**

공공도서관 건물 및 서비스의 출입은 무상을 원칙으로 한다. 공공도서관은 지역 및 국가 당국의 책임 아래 있다. 이는 국제 조약과 협정에 맞춘 구체적인 최신 법률에 의해 지원되어야 한다. 이는 국가와 지방정부의 재원 조달을 받아야 한다. 이는 문화, 정보 제공, 문맹 퇴치 및 교육을 위한 모든 장기적인 전략의 필수적인 구성 요소여야 한다. 디지털 시대에 저작권과 지적재산권 법률은 공공도서관이 물리적 자원과 마찬가지로 합리적인 조건으로 디지털 콘텐츠를 조달하고 액세스할 수 있는 능력을 보장해야 한다. 전국적인 도서관 조정과 협력을 보장하기 위해, 입법과 전략 계획은 합의된 서비스 표준에 기초하여 국립도서관 네트워크를 정의하고 촉진해야 한다. 공공도서관 네트워크는 국립, 지역, 연구 및 특수 도서관뿐만 아니라 학교, 대학, 대학의 도서관과도 연계하여 설계되어야 한다.

**운영 및 관리**

지역사회의 필요성과 관련하여 목표, 우선순위 및 서비스를 규정하는 명확한 정책을 수립해야 한다. 지역 지식과 지역사회 참여의 중요성은 이 과정에 가치가 있으며, 지역사회가 의사결정에 포함되어야 한다. 공공도서관은 효과적으로 조직되어야 하고 전문적인 운영 기준이 유지되어야 한다. 서비스는 커뮤니티의 모든 구성원이 물리적으로 또는 디지털 방식으로 액세스할 수 있어야 한다. 이를 위해서는 위치 및 설비가 잘 갖춰진 도서관 건물, 좋은 독서 및 학습 시설, 관련 기술과 사용자가 편리하게 이용할 수 있는 충분한 개방 시간이 필요하다. 이는 도서관을 방문할 수 없는 환경에 있는 사람들을 위한 봉사활동을 포함한다. 도서관 서비스는 소외된 집단, 특별한 요구를 가진 사용자, 다국어 사용자 및 지역사회 내 원주민의 요구뿐만 아니라 농촌 및 도시 지역의 다양한 요구에 맞게 조정되어야 한다.

사서는 사용자와 자원 사이의 능동적 중개자이며, 디지털과 전통 모두를 아우른다. 충분한 인적·물적 자원은 물론 현재와 미래의 도전에 부응할 수 있는 전문적이고 지속적인 사서 교육이 반드시 필요하다. 충분한 자원에 대한 양적, 질적 정의에 대해 도서관 전문가들과 리더십에 의한 협의가 이루어져야 한다. 지역 주민에 대한 확대 봉사 및 사용자 교육 프로그램은 사용자가 모든 자원으로부터 이익을 얻을 수 있도록 제공되어야 한다. 지속적인 연구는 도서관이 정책 입안자에게 주는 사회적 이익을 입증하기 위해 도서관 영향 평가와 데이터 수집에 초점을 맞춰야 한다. 사회 내 도서관의 영향 또는 효과는 종종 다음 세대에서 나타나기 때문에 통계 데이터는 장기적으로 수집되어야 한다.

**협력 관계**

도서관이 다양한 대중들에게 폭넓게 다가가기 위해서는 협력관계를 구축하는 것이 필수적이다. 예를 들어 사용자 그룹, 학교, 비정부기구, 도서관 협회, 기업 및 기타 전문가와 같은 관련 기관 및 인적 자원의 협력이 보장되어야 한다.

**선언의 이행**

이에 따라 국가 및 지방 차원의 의사 결정권자와 전 세계 도서관 공동체는 이 선언에 명시된 원칙을 이행할 것을 촉구한다.

이 선언의 핵심은 공공도서관이 개인과 사회의 발전을 위해 주체적인 시민을 양성해야 하며 이를 위해 정보센터, 문화센터, 평생교육센터, 커뮤니티센터로서 기능해야 한다는 점입니다. 또한 서비스는 누구에게나 차별 없이 무료로 제공되어야 하고 특히 다민족 국가에서는 다양한 언어로 맞춤형 서비스를 제공해야 한다는 점을 강조하며, 중앙 및 지방정부가 이를 의무적으로 책임져야 한다고 선언하고 있습니다.

시대의 변화에 따라 공공도서관의 역할도 변모해왔는데,

1994년 선언과 비교했을 때 2022년 개정된 「IFLA/UNESCO 공공도서관 선언」에서는 몇 가지 중요한 점을 새롭게 강조합니다.

먼저 '서문'에서는 정보에 정통한 시민의 역량 강화를 강조하고, '유네스코의 신념'에 포용과 지속가능한 발전, 그리고 개인의 평화와 영적 복지를 위한 마음의 성취까지 포함했습니다. '공공도서관의 역할'에서는 지식 생산과 정보·문화의 공유 및 교환, 시민 참여 촉진을 위해 공개적으로 접근가능한 공간을 제공하는 점이 명확해졌으며, 지역사회의 창조자로서 새로운 청중에게 적극적으로 다가가고 지역적 요구를 반영하여 삶의 질 향상에 기여하는 서비스 설계가 중요하다고 규정하였습니다.

또한 '장서와 서비스'에서는 전통적 자료뿐 아니라 모든 유형의 적절한 미디어를 포함하고, 지역사회 언어와 문화적 다양성을 반영하도록 하였으며, '사명'에서는 포용력과 시민 참여, 지속가능한 개발 목표 및 보다 평등하고 인간적인 사회 건설이 포함되었습니다. '재원과 법률, 네트워크' 부분에서는 국가와 지방정부가 재원 조달 의무를 지고, 디지털 시대에 공공도서관이 저작권과 지적재산권을 합리적인 조건으로 확보하고 디지털 콘텐츠에 접근할 수 있는 권리를 보장받아야 한다고 명시하였습니다. '운영 및 관리' 측면에서는 지역 지식과 지역사회 참여의 중요성을 강조하며, 지역사회의 의사결정 참여를 반드시 포함해야 한다고 하였습니다.

전체적으로 2022년 개정된 선언은 지역사회 관련성과 참여, 다양성 및 포용성, 지속가능한 개발과 기후위기 대응, 그리고 디지털 전환에 대한 적극적 대응을 중점적으로 다루고 있어 오늘날 공공도서관이 직면한 주요 도전 과제들을 반영하고 있습니다.

서울야외도서관은 「도서관법」이 규정한 공공도서관의 설립 목적과 서울시 광역대표도서관으로서의 임무를 수행함과 동시에 「IFLA/UNESCO 공공도서관 선언」에서 제시한 공공도서관의 사명과 원칙을 실천하는 '공공'도서관으로 자리매김하고 있습니다.

## 서울야외도서관은 '야외'도서관이다

서울야외도서관의 세 번째 키워드는 네 개의 키워드 중에서도 가장 차별화되는 '야외'입니다. 이 키워드는 서울야외도서관만의 가장 중요한 혁신 요소로, 세계에서 처음 시도하는 새로운 도서관 모델입니다. 아직 사전적 정의나 법적 규정은 없지만, 저는 야외도서관을 도서관 자원의 3요소 중 하나인 공간, 즉 도서관을 확장한 개념으로 정의합니다. 도서관 콘텐츠와 스태프에 쉽게 접근할 수 있도록 도서관 서비스의 거점이자 본부인 건물 주변 야외 공간을 '건물 없는 도서관'으로 보는 것입니다. 이를테면

과거에는 주차장이나 부속 공간으로 여겼던 장소들까지 이제 도서관 공간으로 편입됩니다.

    단순히 공간이 넓어진 것만 의미하지 않습니다. 도서관이 제대로 기능하려면 콘텐츠와 운영 스태프가 함께 움직여야 합니다. 경치 좋은 야외 공간에 책 몇 권 놓아두었다고 해서 도서관이라고 할 수 없습니다. 진짜 야외도서관이 되려면 그 공간에서 도서관 콘텐츠가 살아 움직이고, 이를 관리하는 전문 스태프가 있어야 하며, 이용자를 위한 좋은 서비스가 마련되어야 합니다. 이렇게 1차 공간을 확장한 서울야외도서관은 현재 도심 외부까지 공간을 넓히는 2차 공간 확장을 시도하고 있습니다. 뒤에서 자세히 설명할 북클럽 프로그램 '힙독클럽'이 그 예시입니다.

    앞으로 서울의 고궁, 작가의 문학관, 여름 바닷가 등 어디서든 서울야외도서관 독서모임이 열릴 수 있습니다. 이는 디지털 기술이 아닌 실제 물리적 공간에서 언제 어디서든 도서관을 이용할 수 있는, 아날로그 유비쿼터스 도서관을 지향하는 매우 독특한 시도입니다. 서울야외도서관은 단순한 책 읽기와 토론을 넘어, 문화 체험과 사회적 교류가 가능한 공간으로 성장했습니다. 이런 변화는 더 많은 시민이 일상에서 도서관을 쉽게 이용할 수 있게 합니다. 또한 야외 공간을 활용하는 이 새로운 공간 개념은 기후위기에 대응하는 의미도 큽니다. 건물을 새로 짓지 않고 기존 야외 공간을 활용함으로써 건축과 운영에서 나오는 탄소 배출을 줄이고, 탄소중립에 기여하는 지속가능한 도서관 모델을 만들어가고 있습니다.

서울야외도서관 도입으로 공공도서관 공간과 서비스가 크게 확장되면서 여러 좋은 효과가 나타났습니다.

첫째, 공부하는 조용한 공간으로만 여겨지던 기존 도서관을 벗어나, 건물 안에서는 하기 어려웠던 다양한 활동과 프로그램을 야외에서 할 수 있게 되었습니다.

둘째, 서울도서관에는 어린이 열람실이 없었지만, 야외 공간에 어린이책 큐레이션 공간과 창의 놀이터를 마련해 어린이들을 위한 실험적인 도서관 공간이 생겼습니다.

셋째, 서울시 여러 부서뿐 아니라 지방자치단체, 해외 대사관, 관광청 등과 협력해 시민들의 다양한 요구를 충족시키고, 공공도서관 사서들의 전문 역량도 키우는 기회가 되었습니다.

넷째, 코로나19 팬데믹 이후 안전하고 개방된 야외 공간을 원하는 이용자들의 요구에 부응하면서도, 별도의 건물 신축 없이 다양한 서비스를 확장할 수 있어, 기후위기 대응과 지속가능한 도서관 모델로 인정받고 있습니다.

다섯째, 건물에 한정되지 않는 야외 공간을 활용해 이용자들이 직접 체험하고 소통하는 진정한 커뮤니티 플랫폼으로 자리 잡았습니다. 나아가 서울시 정책 홍보와 체험 플랫폼 역할도 하기 때문에 이는 시민 참여를 통한 정책 평가와 민주주의 실현으로 이어질 가능성도 큽니다.

서울야외도서관은 서울도서관을 중심으로 서울광장(앞마당), 광화문광장(뒷마당), 청계천(옆마당) 같은 상징적인 야외 공간을 활용하고 있습니다. 하지만 이 공간들을 서울도서관이 독점으로, 항상 사용할 수 없다는 한계가 있습니다. 앞으로 야외도서관을 준비하는 기관들은 도서관과 연결된 독립적이고 유연한 야외 공간을 확보하는 것을 가장 중요한 과제로 삼아야 합니다. 신축 도서관을 설계할 때 야외 공간 확보를 고려하는 노력이 필요합니다.

　　이에 참고할 만한 해외 사례를 소개하고자 합니다. 싱가포르는 건축할 때 일정량의 나무를 의무로 심도록 법으로 정해 도시 내 녹지 공간과 공원을 수직 정원 형태로 확보하고 있습니다. 이는 도시의 열섬 현상을 줄이고 에너지 효율을 높이는 데 큰 도움이 됩니다. 이러한 제도 가운데 유독 눈에 띄는 건물은 2019년 7월 캐피털랜드(Capital Land)사가 리모델링한 푸난(Funan) 쇼핑몰입니다. 이 건물은 '시빅 디스트릭트(Civic District)'라는 싱가포르 시내 중심부에 위치하는데도 건물 1층을 관통하는 실내 자전거 도로를 갖추고 있습니다. 노스브리지 로드 입구에서 시작하여 주변의 지하철역으로 연결되는 이 자전거 도로는 시속 10km의 속도 제한을 두고 오전 7시부터 오후 10시까지 운영됩니다. 이처럼 미래 도서관 공간 설계에도 혁신적인 야외 공간 활용이 꼭 필요합니다.

　　일본의 시부야 미야시타 공원 재개발 사례도 매우

싱가포르 푸난 쇼핑몰의 건물을 관통하는 자전거길

시부야 미야시타 공원 재개발

인상적입니다. 1953년에 처음 만들어진 이 공원은 1966년 도쿄 최초의 옥상공원으로 정비되었습니다. 그리고 2020년 봄, 입체도시공원제도를 활용해 재개발되었습니다. 입체도시공원제도는 공원의 구역을 수직으로 나누어 공원과 다른 시설을 함께 정비하는 방식으로, 제한된 공간의 효율적 관리가 가능한 제도입니다. 즉 지층에 있던 기존 공원을 3층 높이의 복합 건물 옥상으로 옮긴 셈입니다. 이 사례는 도시 안에서 한정된 공간을 최대한 활용하면서 시민들에게 쾌적한 녹지와 휴식 공간을 제공하는 좋은 예입니다. 도서관과 공공 공간 설계에도 많은 시사점을 줍니다.

    제가 해외 도서관 연수를 다녀오며 느낀 점도 있습니다. 요즘 건축계에서는 단순히 자연 친화적인 수준을 넘어서 기후위기에 적극 대응하는 친환경 설계가 점점 표준이 되고 있습니다. 예전에는 상상하기 어려웠던 건물 옥상에 나무를 심는 것이 이제는 흔한 일이 되었고, 옥상은 단순 조경을 넘어 혁신적인 친환경 공원으로 자리 잡고 있습니다. 건물 외부 공간도 친환경적으로 재설계되고 있는데, 이런 사례들은 우리도 바로 적용할 수 있는 좋은 모델입니다.

    이처럼 공공도서관의 역할을 넓히기 위해 도서관 공간 개념을 확장하는 동시에 기후변화와 환경문제에 대응하는 지속가능한 공간 혁신을 추진하는 것이 서울야외도서관의 지향점입니다.

# 서울야외도서관은 '서울'의 도서관이다

서울야외도서관을 설명하는 마지막 키워드는 바로 '서울'입니다. 서울도서관은 「도서관법」 제25조에 따라 서울시의 광역대표도서관으로 설립되었습니다. 서울도서관은 서울지역 내 도서관 정책을 만들고 실행하며, 관련 서비스를 체계적으로 지원하는 역할을 합니다.

광역대표도서관으로서 서울도서관은 법에 따라 다음 8가지 업무를 수행합니다.

① 지역 도서관 발전과 서비스 강화를 위한 정책 수립과 실행
② 시·도 단위에서 도서관 자료를 모으고 정리하며 보존, 제공
③ 지역 도서관 지원과 협력 사업 수행
④ 지역 도서관 업무 및 운영 개선을 위한 조사와 연구
⑤ 도서관 자료 수집 활동 지원과 다른 도서관에서 받은 자료 보존 관리
⑥ 지역 도서관 간 협력 네트워크 구축과 운영
⑦ 국립중앙도서관의 자료 수집과 협력 사업 지원
⑧ 그 밖에 광역대표도서관 역할을 위해 필요한 업무 수행

서울도서관은 시민 대상의 정보 서비스 제공에 그치지 않고, 서울시 전체 도서관의 발전 방향을 수립하며 서비스 품질 향상을 위한 정책을 기획·추진하는 '정책도서관'의 기능도 병행합니다. 일반 공공도서관이 자체적인 서비스 제공에

집중하는 반면, 서울도서관은 서울지역 내 여러 도서관이 좋은 서비스를 만들고 확대할 수 있도록 돕는 역할도 맡고 있습니다.

즉, 서울도서관은 서울시 차원의 도서관 정책을 만들고 실행하는 동시에 시민들에게 다양한 도서관 서비스를 제공하는 정책도서관이자 서비스 도서관입니다. 이 역할은 대통령 소속 국가도서관위원회나 문화체육관광부 같은 중앙정부 기관과는 다릅니다. 서울도서관은 중앙정부 정책과 별개로, 지역 차원에서 구체적이고 실질적인 도서관 정책과 서비스를 담당하는 독자적 기관입니다.

서울도서관은 서울이라는 일정 지역을 기반으로 서비스하는 공공도서관입니다. 서울야외도서관은 서울도서관이 새롭게 시작한 서비스로, '서울'이라는 지역성을 강하게 반영합니다. 프로젝트 진행 과정에서 서울시민들의 다양한 요구를 꼼꼼히 살피는 것은 물론, 서울을 시각적·공간적으로 어떻게 표현할지 깊이 고민했습니다. 특히 600년 넘게 수도였던 서울의 역사와 문화를 도서관 서비스에 녹여내는 데 주목했습니다. 이 과정에서 서울시 휘장을 참고했습니다.

1996년 시민 공모를 통해 만들어진 서울시 휘장은 서울을 도시의 산, 해 그리고 강으로 표현한 디자인입니다. 녹색 산은 자연과 환경 사랑을, 청색 한강은 역사와 도시의 활력을, 중앙의 해는 미래와 희망을 뜻합니다. 이 세 요소는 자연스럽게 연결되어 서울과 시민의 생동감을 친근하게 보여줍니다. 서울야외도서관은 이 서울시 휘장의 철학과 상징을 바탕으로 서울의 자연, 역사, 인간의 활력을 공간과 서비스에 담아내고, 시민들에게 친근하고 의미 있는 도서관 경험을 제공하고자 하였습니다.

서울야외도서관의 공간 철학은 서울시 휘장의 상징성과 전통적 인간 중심 사상에서 출발합니다. 먼저 서울시 휘장의 해(太陽) 이미지를 대신하여, 시민을 주인으로 섬기는 행정 철학을 표현하고자 인내천(人乃天)과 민심천심(民心天心)에서 차용한 '하늘' 개념을 도입하였습니다. 또한 조선의 도읍지로 정해진 이후 역사적으로 오래된 수도로서의 자부심과 길지(吉地)를 형상화하기 위해 배산임수(背山臨水)라는 개념에서 '산'과 '물'의 이미지를 차용하였습니다. 이는 서울의 도시 구조와도 맞닿아 있습니다. 하늘·산·물 개념은 서울시 로고와 자연스럽게 연계되며 서울야외도서관의 공간 배치에도 반영되었습니다.

앞마당 서울광장에는 '하늘'을 중점으로, 탁 트인 공간에서 하늘을 올려다보며 책을 읽는 '하늘멍+책멍' 콘셉트의 〈책읽는 서울광장〉을 조성하였습니다. 경복궁과 북악산을 배경으로 한 뒷마당 광화문광장에는 '산'의 이미지를 투영하여 '산멍+책멍'의 〈광화문 책마당〉을, 경복궁 앞으로 흐르는 옆마당 청계천에는 '물'의 상징을 담은 '물멍+책멍'의 〈책읽는 맑은냇가〉를 구현하였습니다. 이러한 자연 이미지는 유교

서울특별시

서울시 휘장(위)
서울야외도서관 로고(아래)

경전 『논어』에 나오는 '지혜로운 사람은 물을 좋아하고, 어진 사람은 산을 좋아한다(知者樂水 仁者樂山)'는 가르침에서 영감을 받은 것으로, 서울도서관이 시민을 도덕적 품성과 공공성을 갖춘 시민인 '된 사람'과 지혜로운 시민인 '든 사람'으로 성장하도록 돕는 공공교육기관으로서의 역할을 지향함을 의미합니다. 결국 서울야외도서관은 시민이 주체가 되는 독서 경험을 통해 개인과 사회의 성장을 이끄는 시민 인문도시 서울의 비전을 공간으로 구현한 사례입니다. 각 공간의 구체적 구성과 로고 디자인에 담긴 철학은 뒤에서 상세히 설명드리겠습니다.

서울야외도서관의 이러한 개념화는 공공도서관이 커뮤니티의 핵심 공공재로서 중심적인 역할을 해야 한다는 사명에서 출발합니다. 이는 단순한 독서 지원을 넘어 지역 주민들이 도서관을 통해 정책을 체험하고 다양한 교류를 통해 삶의 질을 높이며 지역사회 발전에 기여할 수 있어야 한다는 관점입니다. 공공도서관은 정보, 교육, 문화 등 다양한 서비스를 통해 시민의 삶을 풍요롭게 하고 질문하는 힘을 길러주는 공간이어야 합니다. 시민들은 이를 바탕으로 자신이 속한 지역에 관심을 기울이고 지역의 문제점과 해결 방안을 함께 모색하는 과정을 통해 주체적 시민으로 성장하게 됩니다.

서울야외도서관은 이러한 정신에 부합하는 새로운 서비스 모델로 서울 전역에 책 읽는 문화를 확산하고 시민 누구나 일상에서 독서와 학습을 경험할 수 있도록 혁신적인 서비스를 지속적으로 개발하고 있습니다. 단순한 일회성 행사나 이벤트가 아니라 건물 안에 갇혀 있던 도서관 서비스를 도시 공간으로 확장한 건물 없는 도서관이 대표 사례입니다. 이러한 서비스의 확장과 고도화는 외적으로는 서울시민의 도서관 만족도를 높이고, 내적으로는 서울도서관 조직의 서비스 품질과 정책 기획 역량을 강화하는 중요한 전환점입니다. 서울야외도서관은 이를 기반으로 더 전문적이고 지속가능한 공공도서관 서비스로 진화해나갈 것입니다.

# 3
## 서울야외도서관이 추구하는 가치들

# 차별화된 경험과 새로운 독서문화

　서울야외도서관을 기획하면서 이용자에게 제공할 차별화된 가치와 경험을 새롭게 정립하는 것이 필수적이었습니다. 이러한 가치와 경험을 구현하기 위해 어떠한 서비스를 제공할지도 결정해야 했습니다.

　제가 가장 먼저 제시하는 서울야외도서관의 핵심 가치는 바로 '기발함'입니다. 기존의 도서관 개념에서는 상상하기 어려웠던, 이용자에게 잊히지 않을 독특한 경험을 제공하는 것입니다. 도서관의 본질적인 가치와 정신은 유지하되, 일상적인 도서관에서는 실현하기 어려웠던 엉뚱하고 기발한 상상을 현실로 만들어내는 것이 목표였습니다.

- **✷ 청계천에 발을 담그고 책을 읽거나 물소리를 들으며 '물멍' 때리기**
- **✷ 광화문광장에서 음악을 들으며 누워 있거나 영화 감상하기**
- **✷ 북한산을 바라보며 멍하니 누워 있기**
- **✷ 서울 한복판에서 아무것도 하지 않고 그냥 누워 있기 - 그것도 밤에**

　이 모든 것은 누구나 한 번쯤 꿈꿔봤을 법한 장면입니다. 서울야외도서관은 바로 도시인들의 엉뚱한 상상을 실현시켜 주는 장소입니다. 이런 기발한 경험들을 다양한 프로그램과 결합해 운영하고 있습니다. 예상치 못한 경험은 시민들에게 깊은 인상을 남겼고 다음과 같은 반응을 이끌어냈습니다.

- ⋯ 이런 공간이 있다는 것 자체로 너무 행복하다.
- ⋯ 아이가 집에 안 가려고 숨어서 애먹는 도서관. 도심 속 테마파크 같다.
- ⋯ 공공서비스에 이런 사례가 있었나?
- ⋯ 서울 시내 한가운데 자연 속에서 이러한 경험을 할 수 있다니⋯ 이게 행복이지 행복이 다른 건가!!
- ⋯ 여기 앉아서 물소리도 듣고, 책 읽다가 눈 아프면 잠깐 물 흐르는 풍경도 보고 얼마나 낭만적인지 모른다.
- ⋯ 책을 좋아하는 사람은 물론, 책에 익숙하지 않은 사람에게도 책과 가까워지는 즐거움의 계기를 만들어주는 소중한 공간!

두 번째로 서울야외도서관이 제공하고자 한 가치는 바로 '편리함'입니다. 이는 시민을 도서관의 수동적 이용자가 아닌 주체로 대하는 서비스를 구현하겠다는 의지에서 출발했습니다. 관공서의 행정 서비스에서도 시민이 진정한 서울의 주인임을 체감할 수 있도록 세심한 배려를 담아냈습니다. 이러한 맥락에서 이용자 중심의 컨시어지 서비스(concierge service) 개념을 도입해 안내 데스크를 운영하고, 시민이 현장에 오기만 하면 필요한 모든 것을 지원받을 수 있는 시스템을 마련했습니다. 실제로 서울야외도서관 서비스를 시작하기 전까지만 해도

서울도서관의 위치조차 모르는 시민들이 많았습니다. 그래서 길을 걷다 우연히 마주치더라도 이용자가 전혀 불편함 없이 서비스를 누릴 수 있도록 했습니다. 모든 서비스는 공공도서관의 정신에 입각해 무료로 제공하며 '책봐!구니(책바구니)'·빈백·의자·테이블·돗자리·양산·담요·북 라이트 등과 같은 다양한 편의시설을 함께 마련하였습니다. 특히 책을 담는 서가는 기능성과 디자인을 넘어 안전성 확보를 최우선 과제로 삼고 몇 차례의 회의와 시제품 테스트를 거쳐 개발하였습니다. 그 결과 국내 최초로 야간에도 운영이 가능하도록 빛을 내며 안전하고도 아름다운 야외 서가가 탄생했습니다.

이처럼 서울야외도서관은 우연히 지나가던 시민도 공공도서관 서비스를 자연스럽게 누릴 수 있도록 편리한 환경을 조성하기 위해 노력하고 있습니다. 이는 다음과 같은 긍정적 반응 및 평가로 이어졌습니다.

- 몸만 가면 모든 것이 제공되는 편리함.
- 책뿐만이 아니라 놀이, 음악, 영화, 전시, 체험, 여행 등 이렇게 다양한 서비스가 들어가 있네요. 한 곳에서 다채로운 경험이 가능하다니…
- 완전히 새로운 형태의 도서관이다. 힙하고 편리하네…

세 번째 핵심 가치는 도서관 본연의 사명인 삶의 지혜로 축적되는 '유익함'입니다. 서울야외도서관은 기발함과 재미 그리고 편리함을 뛰어넘어 시민들의 삶에 실제로 도움이 되는 지식과 정보, 다양한 체험과 교류의 기회를 제공하고자 꾸준히 노력해왔습니다. 도서관이 추구해야 할 가장 본질적이고 중요한 가치는 모든 사람을 위한 지속가능한 미래입니다. 이 가치는 국제도서관협회연맹이 공표한 바와 같이 지식과 정보를 통해 실현해야 하며 서울야외도서관 역시 그 사명을 성실히 따르고자 합니다. 지식과 정보는 인류 역사의 진보를 이끄는 영양분이며 도서관은 그 보고입니다. 서울야외도서관은 이 가치를 시민 누구나 누릴 수 있도록 다양한 시도를 이어가고 있으며 이에 대해 시민들 또한 다음과 같은 긍정적 반응을 보내주고 있습니다.

⋯▸ 각 나라 문화를 체험하는 즐거움이 있어 세계에서도 본받을 만한 도서관
⋯▸ 책도 실컷 보고 그 비싼 레고 블록을 마음껏 하고 올 수 있는 도서관


이처럼 공간 혁신을 바탕으로 서울야외도서관이 추구한 기발함, 편리함, 유익함은 시민들에게 일상의 행복감을 선사하는 동시에 서비스의 지속가능성을 확보해가고 있습니다.

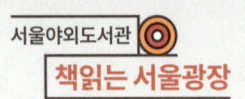

서울야외도서관
**책읽는 서울광장**

책읽는 서울광장 현장 스케치

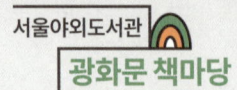

광화문 책마당 현장 스케치

책읽는 맑은냇가
Seoul Outdoor Library

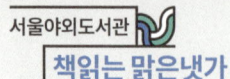

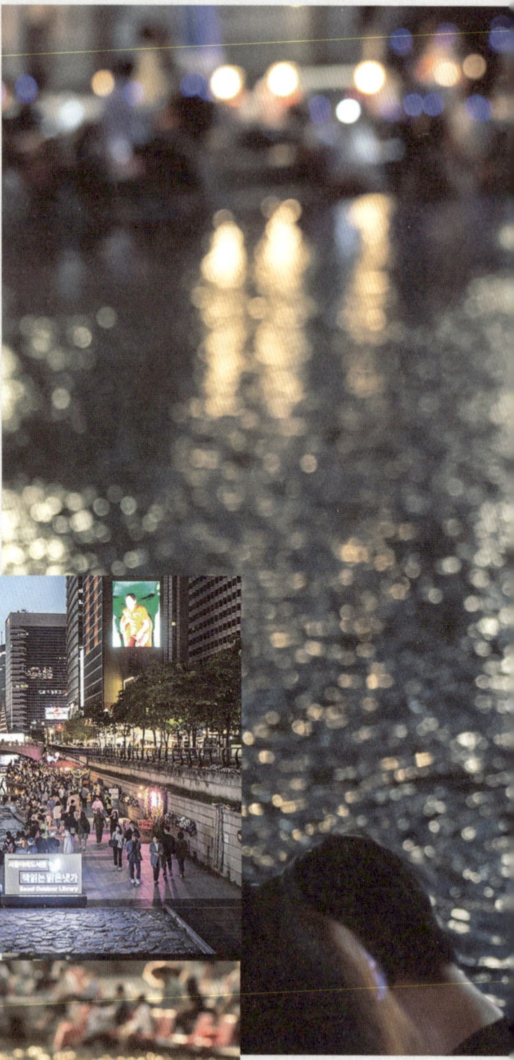

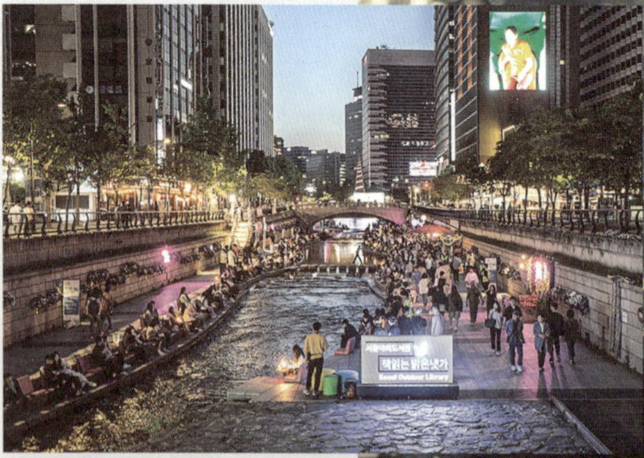

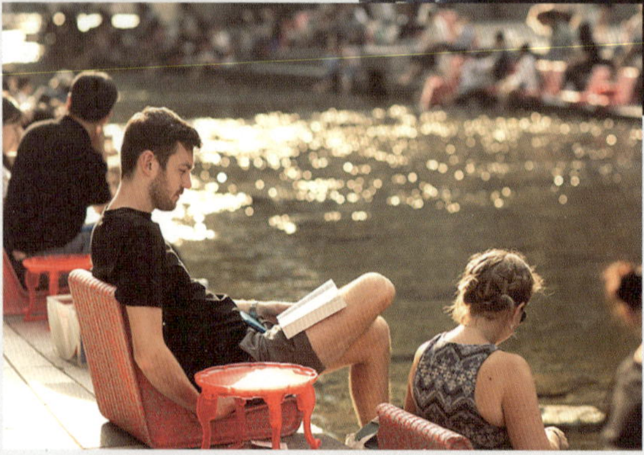

책읽는 맑은냇가 현장 스케치

# 도서관이 제공하는 행정 및 서비스 혁신

서울야외도서관은 기발함, 편리함, 유익함을 지향하는 과정에서 여러 가지 행정 및 서비스 혁신 또한 함께 추구해왔습니다. 세계 최초로 시도된 서울야외도서관의 혁신적 행정·서비스 모델은 다음과 같습니다.

첫째, 서울야외도서관은 기존의 개가식 서비스를 넘어 사서의 주제별 큐레이션 도서를 별도의 대출 절차 없이 누구나 자유롭게 이용할 수 있도록 서가나 '책봐!구니'에 비치하였습니다. 도서관의 핵심 자산인 도서가 분실될 위험을 감수하면서도 성숙한 시민의식을 신뢰하며 과감히 도입한 새로운 서비스 모델입니다. 심지어 실제로는 도서 분실률이 제로에 가까운 수준으로 나타났습니다. 이는 서울시민의 높은 공공 의식과 도서관에 대한 신뢰를 엿볼 수 있는 상징적 사례입니다.

둘째, 서울야외도서관은 자연 속에서 책을 읽는 경험을 극대화하기 위해 다양한 부대 장비 및 시설을 지원합니다. 누구나 자유롭게 접근할 수 있는 야외 공간의 특성을 고려해 이용자의 안전을 최우선으로 설계한 이동식 서가를 배치하였으며, 책을 읽고 싶은 마음만 있으면 몸만 와도 편안하게 독서할 수 있도록 다양한 편의시설을 무상으로 제공하고 있습니다. 특히 자연을 만끽하며 즐기는 독서는 도심 속 자연 친화적 독서문화를 실현하는 중요한 기반이 되고 있습니다.

    셋째, 서울야외도서관은 조용히 혼자 향유하는 전통적인 '엄·근·진' 분위기 대신 시끌벅적한 도서관이라는 새로운 개념을 지향합니다. 아직도 많은 공공도서관이 공적 공간의 사적 점유라는 한계를 극복하지 못한 채 개인의 학습 공간으로 기능하고 있는 현실 속에서 서울야외도서관은 새로운 모델과 프로그램을 도입했습니다. 백색소음처럼 흐르는 음악, 책을 매개로 한 사회적 독서, 이용자 간의 토론과 교류, 다양한 집단 체험활동과 놀이를 통해 공동체적 문화가 살아 있는 공간을 만들고자 노력하고 있습니다.

    넷째, 서울야외도서관은 열린 야외 공간의 특성을 적극 활용해 책뿐만 아니라 다양한 콘텐츠 서비스를 제공합니다. 영화나 음악 공연, 그림 그리기 및 전시, 외국 문화 체험 등 기존 닫힌 건물형 도서관에서는 구현하기 어려운 콘텐츠와 프로그램을 시도하고 있습니다. 도입 초기에는 다소 미흡한 점이 있을 수 있으나 멈추지 않고 지속적으로 새로운 형태의 도서관 서비스를 기획하고 제공해나갈 예정입니다. 이용자인 서울 시민들의 다양한 요구를 꾸준히 수렴하고 반영하며 서비스의 질을 높이기 위한 지속적인 노력을 멈추지 않으려고 합니다.

    다섯째, 서울야외도서관은 어린이 열람실이 없는

서울도서관의 한계를 극복하고자 어린이 도서 큐레이션은
물론 〈책읽는 서울광장〉의 상당 부분을 어린이 놀이와
체험 중심 공간으로 조성하였습니다. 이는 어린이가
자유롭게 뛰어놀 수 있는 야외도서관을 국내 최초로 구현한
사례입니다. 놀이는 중요한 사회적 활동이자 또 하나의
공부입니다. 서울야외도서관에서는 전문 안전관리자의
보호 속에서, 아이들이 푸른 하늘 아래 초록 잔디 위를
맨발로 뛰어놀며 다양한 독서·체험 프로그램에 자연스럽게
참여할 수 있도록 했습니다. 더불어 학부모들이 걱정
없이 자녀를 맡기고 다른 프로그램에 몰입할 수 있도록
별도의 지원 시스템도 함께 운영하고 있습니다. 이는
도서관이 세대 간 공존과 독립적 활동을 동시에 지원하는
공공문화 플랫폼으로 기능할 수 있음을 보여주는 모범적인
사례입니다.

여섯째, 서울야외도서관은 공연 및 문화행사 운영 시
유명인 중심의 기획 방식에서 벗어나 아직 잘 알려지지 않은
아마추어 공연단체나 사회적 약자 중심의 공연팀 등에게
우선적으로 기회를 제공합니다. 또한 시민이 관객이자
참여자가 되는 열린 형식의 문화행사를 지향합니다.
공연자와 관람객이 함께 호흡하며 공감할 수 있는 무대,
부분적인 참여와 즉흥적인 반응이 허용되는 유연한
문화 공간을 통해 시민에 의한, 시민을 위한 프로그램을
실현하고자 합니다. 이후에도 서울야외도서관은 뛰어난

능력을 갖추었음에도 빛을 보지 못한 사람들이 지속적으로 활동할 수 있는 문화예술 플랫폼을 조성하기 위해 꾸준히 노력할 것입니다.

일곱째, 서울야외도서관은 분실 제로 도서관을 넘어 시민 스스로 만들어가는 자율적 도서관 문화를 실험하고 있습니다. 사서나 운영자가 일일이 세세한 규정을 정해 강제하지 않아도 시민들은 캠페인을 통해 스스로 공공성의 가치를 인식하고 실천합니다. 흡연 금지와 음주 자제는 물론 개인 쓰레기를 자발적으로 수거하는 쓰레기 제로 문화, 타인의 독서와 활동을 존중하는 예절 문화가 자생적으로 형성되고 있습니다. 이는 서울야외도서관이 단순한 일회성 축제나 이벤트가 아니라 시민이 주체적으로 참여하고 함께 만들어가는 문화시민의 교육장이 될 수 있음을 증명합니다. 서울야외도서관은 공공 공간에서의 성숙한 시민문화가 어떻게 형성되는지 보여줍니다.

여덟째, 서울야외도서관은 다양한 서울시 정책을 시민에게 홍보하고 직접 체험할 수 있는 장소이기도 합니다. 그 과정에서 때로는 비판적 피드백을 제공함으로써 정책의 실효성을 향상하는 데 기여합니다. 이는 기초지방자치단체의 공공도서관이 수행해야 할 핵심 역할 중 하나로 점점 더 중요해지고 있습니다. 단기적으로는 자칫 지방자치단체장의 일방적인 정책 홍보로 비칠 수 있으나 중장기적으로 본다면 지역 주민들의 정책 체험과 접촉 기회를 확대하는 과정으로,

정책에 대한 이해도를 높여 정책 목표와 집행 과정 전반에 대한 시민의 직·간접적인 감시와 평가를 이끌어냅니다. 이처럼 공공도서관은 주민 민주주의 플랫폼으로 기능하며 정책의 효율성과 투명성을 실현한다는 점에서 중요한 공공적 가치를 지닙니다.

아홉째, 서울야외도서관은 서울시 정책의 홍보를 넘어 다양한 국내외 단체, 지방자치단체, 외국의 대사관 및 문화원과의 협업을 통해 국제 교류와 문화 체험의 장을 형성합니다. 이미 서울야외도서관의 이용자 중 상당수는 외국인으로, 외국인에게는 대한민국 문화를 접할 수 있는 시간을, 내국인에게는 다양한 국가와 문화를 경험할 수 있는 접점을 제공하고 있습니다. 외국 기관과의 협력 프로그램에 대한 시민 반응도 매우 긍정적입니다. 협업을 희망하는 해외 국가와 단체가 점점 늘어나면서 서울야외도서관은 국제적 문화 교류와 협력의 플랫폼으로 성장해가고 있습니다. 이는 문화의 다양성, 포용성, 개방성을 실현하는 또 하나의 중요한 방향입니다.

열째, 서울야외도서관은 서비스 네이밍, 로고, 슬로건 등 핵심 브랜드 요소를 도입하여 적극적인 브랜드 경영 전략을 시행하고 있습니다. 브랜드 경영 이론에 따르면 강력한 브랜드 구축을 위해서는 명확한 브랜드 정체성(Brand Identity)의 확립과 더불어 고객에게 일관되고 긍정적인 브랜드 경험(Brand Experience)을 제공하는 것이 필수적입니다.

서울야외도서관은 도서관 서비스의 가치와 철학을 체계적으로 정의하고 이를 직원과 시민 모두가 공유할 수 있도록 내부 커뮤니케이션과 교육에 집중하고 있습니다.

또한 공공기관으로서의 신뢰성을 기반으로 시민과의 정서적 연결(Emotional Connection)을 강화하여 브랜드 충성도를 높이는 데 주력함으로써 서울야외도서관만의 독자적이고 지속가능한 브랜드 가치를 구축하고자 합니다. 이러한 노력을 통해 양질의 도서관 서비스를 제공하고 시민 만족도를 제고하며 서울야외도서관의 장기적 지속가능성을 확보해가고 있습니다.

열한째, 서울야외도서관은 시민이 직접 참여하는 홍보 방식을 적극 도입하며 공공기관으로서는 드문 선구적 사례를 만들어냈습니다. 인스타그램, 유튜브 같은 소셜미디어에 잘 맞는 디자인과 콘텐츠를 만들도록 지원하고, 색과 소리 그리고 향기 등 여러 감각을 자극하는 마케팅 기법을 활용해 시민들이 스스로 도서관을 알리는 입소문 마케팅(Viral Marketing) 효과를 크게 키웠습니다. 시민들의 자발적 참여와 공감으로 자연스럽고 넓은 홍보가 이루어지면서 서울야외도서관의 브랜드 인지도와 친밀감을 함께 높였습니다.

서울야외도서관 서비스는 건물 중심 도서관의 한계를 넘어선 혁신적인 공공도서관 모델입니다. 앞으로 서울의 25개 자치구와 시내 모든 공공도서관이 함께하며 서울 전역에 책 읽는 문화가 널리 퍼지고 지역 커뮤니티가 발전하는 긍정적 효과를 기대해봅니다. 이미 다른 지방자치단체와 여러 단체, 해외 각국에서도 큰 관심을 보이기 때문에 서울야외도서관 모델과 그 가치를 적극적으로 소개하기 위해 설명회를 여러 차례 열고 관련 매뉴얼도 만들어 공유하는 등의 노력을 기울이고 있습니다.

국제 사회에서도 인정받은 서울야외도서관의 행정 및 서비스 혁신 노력은 2024년 경제협력개발기구(OECD) 공공행정위원회 산하 공공혁신협의체(OPSI: Observatory of Public Sector Innovation)에서 정부혁신 우수사례로 선정되었습니다. 공공혁신협의체는 서울야외도서관에 대해 다음과 같이 평가했습니다.

"서울야외도서관은 코로나19 팬데믹 이후 시민들이 안전하게 힐링하고 쉴 수 있는 공간을 원한다는 요구에 맞춰 만들어졌습니다. 도서관 공간을 건물 안에서 야외로 확장하는 혁신적인 접근으로, 지역사회와 협력하며 시민들에게 다양한 서비스를 제공하고 여러 세대와 문화를 잇는 공간을 창출합니다. 누구나 즐길 수 있는 사회적 장소로 도서관을 바꾼 모범적인 혁신 사례입니다."

# 지속가능한 서비스를 위한 전략

저는 서울야외도서관뿐만 아니라 서울도서관 전체의 지속가능한 서비스 구현에도 최선을 다하고 있습니다. 서울도서관장은 임기제 공무원이기에 흔히 외부 전문가 혹은 '어공(어쩌다 공무원)'이라 불리는 위치에 있습니다. 어공은 일반 공무원인 '늘공(늘 공무원)'과 달리 승진 문제에 얽히거나 상사의 눈치를 볼 일이 없어 오히려 도서관 정책 강화와 혁신에 집중할 수 있다는 장점이 있습니다. 이러한 어공의 특성을 최대한 살려 서울도서관 정책의 내실화와 지속가능성 확보에 힘쓰며, 나아가 도서관 정책 강화에 기여하는 것이 저의 가장 중요한 임무라고 생각합니다.

이를 위해 현재 다음 세 가지 핵심 과제에 집중하고 있습니다.

먼저, 열심히 일하고 성과를 내는 사람이 존중받는 조직문화를 만드는 것입니다. 공무원 조직이라는 특성을 적극 활용하는 한편, 변화하는 환경 속에서도 어려운 과제에 과감히 도전하고 성과를 창출하는 인재가 존중받는 문화를 구축하고자 합니다. 서울도서관 내에서 일하는 조직문화를 정착시키고 사서들의 역량을 강화하며 도서관 정책을 체계적으로 보완하고자 합니다. 서울시 광역대표도서관으로서 축적한 경험을 바탕으로 서울시 내 다른 부서와의 협업을 확대하고 다양한 업무를 발굴하여 활기차고 효율적인 조직이 되도록 노력할 것입니다.

무엇보다 기존의 대출·반납 중심 서비스나 1인 자료실 근무처럼 상대적으로 편안한 업무보다 새로운 서비스의 최전선에서 성과를 내는 구성원이 존중받는 조직문화가 효율적 운영의 핵심이라고 믿습니다. 급변하는 도서관 환경에 맞춰 필요한 역량을 습득하고 적극적으로 새로운 업무에 나서지 않으면 공공도서관 사서들은 도태될 수밖에 없습니다. 많은 어려움이 있었지만, 저는 서울시 인원편성표(TO) 내 사서 및 도서관 직원 수 확대에 최선을 다해왔으며 앞으로도 성과를 낸 사서들이 승진할 수 있도록 지속적으로 지원할 것입니다. 서울시 차원의 도서관 서비스 변화에 맞춰 전략적으로 사서 인력을 재배치하는 작업도 병행할 계획입니다.

다음으로 지속가능한 도서관 서비스를 확장하기 위해서는 조직 내부에서 리더를 양성하는 것이 중요합니다. 새롭고 다양한 서비스뿐만 아니라 앞으로 개관할 서울도서관 분관도 올바르게 운영하기 위해서는 서울도서관 내에서 풍부한 경험과 역량을 갖춘 리더가 필요합니다. 과감한 도전과 다양한 경험을 위해 현재 진행 중인 분관 건립 과정에서도 차기 리더들을 준비시키고자 합니다. 서울야외도서관과 같이 혁신적 서비스는 유례가 거의 없기에 조직 내부에 운영 경험을 잘 축적해놓아야 지속가능한 서비스를 담보할 수 있을 것입니다.

현대 도서관 리더는 단순히 도서관 업무뿐만 아니라 확대된 서비스와 다양한 협업을 위한 조직 관리 능력, 서울시의 예산과 행정에 관한 이해도 갖추어야 합니다. 물론 서울시에 다양한 전문 부서가 있지만, 도서관 리더가 직접 문제를 해결해야 원활하게 진행되는 업무 또한 분명 존재합니다. 따라서 서울도서관은 내부에서 서울시 각 부서, 외부 단체, 그리고 외국 문화원이나 대사관과 협력 경험을 갖춘 전문가를 양성하고 있습니다. 이러한 경험을 가진 사람은 외부에서 찾기 어렵기 때문에 내부 리더 양성이 더욱 중요합니다.

마지막으로 도서관 직원이 행복한 도서관을 만드는 것입니다. 저는 도서관 직원이 행복해야 시민에게 양질의 도서관 서비스를 제공할 수 있다고 믿습니다. 저는 모두를 위한 일하기 좋은 일터(Great Place to Work for All)라는 개념을 도입하고자 합니다. 일하기 좋은 일터란 어떤 곳일까요? 훌륭한 일터는 단순히 제도나 혜택이 아니라 구성원이 일상적으로 체험하는 관계와 조직문화를 통해 형성됩니다. 자신이 하는 일에 자부심을 가지고, 구성원들이 서로를 신뢰하며, 동료들과 즐겁게 일할 수 있어야 합니다. 특히 신뢰는 훌륭한 일터의 절대적 기반입니다. 상사에 대한 신뢰, 구성원 각자의 역량에 대한 인정과 존중, 공정한 대우는 조직

내 신뢰 문화를 형성하며 이는 구성원 간의 자발적인 협력과 책임으로 이어집니다. 그리고 직원의 직무나 지위, 근무지에 관계 없이 모든 사람이 일관되게 긍정적인 경험을 할 수 있어야 합니다. 포괄적이고 일관된 직장 경험은 좋은 일터를 넘어 보다 나은 사회를 만들어가는 조직의 핵심 가치가 됩니다.

특히 공공도서관 사서에게는 전문성과 책임감, 소명의식과 공공적 가치에 대한 인식도 중요합니다. 평생직장이 보장되는 공무원 조직의 특성상 '왜 공공도서관이 이 사회에 존재해야 하는가'에 대한 깊은 고민이 필요합니다. 공공도서관 서비스라는 구체적인 실천 속에서 이러한 성찰이 이루어져야 하며, 궁극적으로는 개인과 조직의 가치를 맞춰나가야 합니다. 이를 바탕으로 형성된 자부심은 자연스럽게 구성원 간의 동료애로 이어집니다.

서울도서관은 서울시 산하 문화본부 소속의 사업소이지만 오랜 기간 서울시 내부에서도 별다른 주목을 받지 못한 기관이었습니다. 그러나 서울야외도서관을 통해 다양한 부서와의 협업 가능성을 보여주었고, 점차 서울시의 새로운 플랫폼으로 자리 잡게 되었습니다. 이 과정에서 긍정적인 입소문을 탄 덕에 통해 서울도서관은 언론을 비롯한 외부의 주목을 받게 되었습니다. 이러한 변화는 서울도서관 직원들에게 조직에 대한 자부심과 책임감을 함께 안겨주면서 조직문화의 선순환을 만들어냈습니다. 서울도서관이 일하기 좋은 직장이어야 직원 개개인의 삶은 물론 시민에게 제공하는 도서관 서비스의 질도 함께 높아질 수 있습니다. 저는 서울도서관 직원들과 함께 진정한 의미의 일하기 좋은 일터를 만들기 위해 최선을 다할 것입니다.

# 서울야외도서관의 브랜드 경영

브랜드 마케팅은 보통 브랜드와 소비자 간 관계를 형성하고 발전시키는 과정입니다. 하지만 서울야외도서관에게는 '공부하는 공간으로서의 도서관'이라는 고착개념(sticky concept)을 깨는 것이 우선 과제였습니다. 그래야만 서울야외도서관이 가지고 있는 독특한 정체성을 알리고 이용자와 유대감을 쌓을 수 있기 때문입니다. 디지털 기술과 인공지능이 빠르게 발전하는 가운데 도서관이 공부방이라는 고착개념에만 머무른다면 변화하는 이용자 기대에 부응하기 어렵습니다. 사람들은 다양한 체험과 소통이 가능한 지역 커뮤니티 공간을 원하고 있습니다. 도서관도 변화하는 시대적 요구에 맞춰 모습을 새롭게 바꾸어야 하며, 이 새로운 도서관의 가치를 효과적으로 전달하는 것이 바로 서울야외도서관 브랜드 마케팅의 목적입니다. 결국 공공도서관의 브랜드 마케팅은 단순한 홍보가 아니라 고착개념에서 탈피해 도서관의 본질적 가치와 새로운 정체성을 전달하는 중요한 과정입니다.

서울야외도서관의 브랜드 정체성은 독립적인 콘셉트를 넘어 그 소속 기관인 서울도서관의 비전과 목표에 부합해야 합니다. 즉, 상위 기관인 서울도서관이 지향하는 가치와 방향이라는 거대한 맥락 속 고유한 역할을 드러내야 하는 것입니다. 이러한 가치 정렬은 브랜드가 일관된 메시지를 전달하고 신뢰를 쌓기 위해 매우 중요한 단계입니다.

서울도서관은 다음과 같은 비전과 목표, 그리고 전략을 가지고 있습니다.

| 비전 | 내 삶을 바꾸는 지식 문화 도시 서울 |
|---|---|
| 목표 | 오늘을 누리고 내일을 꿈꾸는 시민의 지식 문화 발전소 |
| 추진 전략 | ① 시민의 공공도서관 향유권을 보장하기 위한 도서관 인프라 구축<br>② 시민의 독서·문화·평생학습을 위한 콘텐츠 강화<br>③ 시민 및 도서관 관련 기관·단체 간의 교류·협력을 통해 '책 읽는 서울' 문화 확산 |

서울야외도서관은 처음부터 브랜드가 정해져 있던 사업이 아니었습니다. 2022년 시범 운영을 시작으로 점차 확산되었기 때문에 어느 시점에서는 브랜드의 방향과 이미지를 하나로 모으고 이를 체계적으로 정리해 이용자에게 명확히 전달할 필요가 생겼습니다. 이에 따라 지금까지의 운영 경험과 논의를 바탕으로 2024년 『서울야외도서관 브랜드 및 마케팅 전략 개발 보고서』를 만들고 브랜드 마케팅을 본격적으로 시작하였습니다. 이 보고서에서는

서울도서관이 추구하는 가치뿐 아니라 건물 없는 도서관의 아이디어도 담았습니다. 또 야외라는 열린 공간을 활용해 여러 기관과 손잡고 실내에서는 하기 어려운 다양한 서비스를 펼치며 세계 최초로 새로운 형태의 야외도서관 모델을 만들겠다는 목표도 함께 담았습니다.

   서울야외도서관의 브랜드는 서울도서관의 비전과 목표를 이어가면서도 다음과 같은 브랜드 전략을 통해 새로운 도서관 모델을 만들어가는 데 초점을 맞추고 있습니다. 브랜드가 담고 있는 더 자세한 내용은 다음 장에서 다루는 서울야외도서관 공간의 진화와 차별화에서 자세히 소개하겠습니다.

**브랜드 미션:** 도심 속 자연과 문화가 만나는 공간을 통해 자유로움과 지적인 즐거움이 어우러지는 공간

**브랜드 목표:** 도심 속 새로운 문화 플랫폼으로, 체험과 교류를 통한 커뮤니티 플랫폼으로서의 진화를 위한 도서관 서비스 혁신 소통 활성화

**추진 전략:**
① 도심 공간에서 책을 접할 수 있는 혁신적이고 포용적 공간 조성
② 친환경적 운영으로 경제적, 환경적 지속가능성 제고
③ 다양한 협업과 차별화된 경험 제공으로 서울의 명소화를 통해 지역 경제 및 관광 활성화

**브랜드 핵심 가치:**

① 포용성: 모든 사람에게 열려 있고 다양성을 존중하는 공간

② 상호작용성: 사람과 사람, 책과 사람, 문화와 지역이 상호작용하여 새로운 경험을 만들어내는 곳

③ 의외성: 전통적인 실내 공간의 경계를 넘어 지속적으로 변화하고 새로움을 추구하는 혁신적인 공간

**브랜드 슬로건:** '도서관에서 이런 일도 하나?'라는 서비스의 기발함에 놀라고 서비스의 질에도 만족한다는 감탄사와 어서 오라는 초대의 의미를 중의적으로 갖는 '와!'라는 공통 슬로건을 설정하였습니다. 종합 슬로건은 도서관 이용자가 만족할 수 있는 서비스를 제공하겠다는 의지를 반영하여 '좋다'라는 말을 합성하여 만들었습니다. 하위 슬로건은 서울광장, 광화문광장 그리고 청계천이 갖고 있는 각 장소의 특징을 하늘, 산과 물로 상징화하여 작성하였습니다. 여기에 정신이 나간 것처럼 자극에 대한 반응이 없다는 뜻을 가진 '멍하다'라는 형용사의 어근인 '멍'으로 집중하기에 좋은 자연만의 장소성을 표현하고, 도서관과 독서를 상징하는 책이란 용어를 차용하였습니다. 결국 '와!+장소의 자연적 특성, 책+멍'이라는 구조의 하위 브랜드 슬로건을 만들었습니다.

① 와! 좋다,『서울야외도서관』
② 와! 하늘멍, 책멍 〈책읽는 서울광장〉
③ 와! 산멍, 책멍 〈광화문 책마당〉
④ 와! 물멍, 책멍 〈책읽는 맑은냇가〉

**브랜드 로고:** 다음 장에서 상세히 설명하겠지만, 도심 속 자연과
문화가 만나는 공간을 형상화하기 위하여 자연을 차용하여
브랜드 로고로 형상화하기로 하였고 이때 서울광장은 하늘[天]을
형상화한 둥근 모양, 광화문광장은 산[山]을 형상화한 모양,
그리고 청계천은 흐르는 물[水]을 형상화한 모습으로 표현하여
브랜드 로고를 제작하였습니다.

**상표 등록:** 서울야외도서관의 로고를 포함한 20여 건이 특허청에
상표로 등록되어 있는 가운데, 서울도서관은 이에 대한 독점적인
상표권을 가집니다. 일반 기업의 상표 등록이 상업적 이익 추구에
초점을 맞추는 것과 달리, 서울도서관의 상표 등록은 공공의 이익을
보호하고 예산 낭비를 방지하는 데 그 목적이 있습니다. 나아가
이는 서울도서관의 브랜드 자산을 관리하고 신뢰도를 유지하기
위한 노력이기도 합니다. 공공의 목적을 위한 이용에는 사용 권리가
부여될 예정입니다.

    서울야외도서관이 가진 브랜드 정체성은 조직 내부에
단단히 자리 잡는 것만큼이나 외부에 잘 알려져야 비로소
오래 지속될 수 있습니다. 특히 외부 홍보를 위해서는
사람들이 기억에 오래 남길 수 있는 공간과 서비스를 만드는
것이 무엇보다 중요합니다. 서울야외도서관에서 경험한
것들이 시간이 지나면서 흐려진다면 브랜드가 가진 차별성도
사라지고 브랜드 자산을 쌓기 어렵기 때문입니다. 그래서
순간적인 경험에 그치지 않고 특별한 가치와 오래도록 기억될

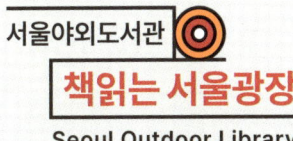

서울야외도서관, 〈책읽는 서울광장〉, 〈광화문 책마당〉, 〈책읽는 맑은냇가〉 로고

경험을 제공하는 것이 브랜딩의 핵심이라고 생각했습니다. 도서 중심의 특화 콘텐츠, 색다른 공간 경험 등의 차별적 요소를 통해 서울야외도서관에 대한 지속적이고 긍정적인 이미지를 만들어나가고 있습니다.

서울야외도서관은 기존의 도서관 공간을 건물 밖으로 확장한 새로운 형태의 서비스인 만큼 도서관의 세 가지 핵심 자원인 콘텐츠, 공간, 인력, 즉 소프트웨어(Software), 하드웨어(Hardware), 휴먼웨어(Humanware)를 새롭게 조직하고 유기적으로 연결하는 접근이 필요합니다.

먼저 콘텐츠는 책에 국한되지 않고 각 거점의 특성에 맞추어 다양하게 제공합니다. 실내 도서관에서 제공하기 어려웠던 새로운 형태의 콘텐츠도 기획하며 이를 위해서 외부 기관과의 협력 역시 매우 중요하게 생각했습니다.

공간은 사람들이 자연스럽게 모여 쉬고 즐길 수 있는 도심 속 문화 공간으로 조성했습니다. 책과 자연이 조화를 이루는 테마를 기반으로 서울야외도서관만의 독특한 분위기를 만들어갑니다.

마지막으로 이 모든 콘텐츠와 공간을 활기차게 연결하는 핵심 주체는 바로 사서를 포함한 스태프입니다. 이들은 이용자와 공간을 잇는 가교 역할을 하며 이용자가 편안하게 공간을 즐기고 적극적으로 참여할 수 있도록 돕습니다.

이처럼 콘텐츠, 공간, 스태프의 유기적 연결이 서울야외도서관 브랜드 경영의 가장 중요한 성공 요인입니다.

아울러 이용자의 특성을 분석하고 장소별 특성을 반영하여 명확한 타겟을 설정하고 이를 바탕으로 단기·중기·장기 전략을 포함하는 단계별 홍보·마케팅 로드맵도 함께 마련해야 합니다. 이를 통해 시민들은 여러 장소를 오가며 다양한 콘텐츠를 유기적으로 즐기고 꾸준히 방문하며 연결된 이용 경험을 누릴 수 있습니다.

    서울야외도서관의 브랜드가 효과적으로 자리 잡고 지속적으로 발전하기 위해 서울도서관은 다음과 같은 일을 꾸준히 이어갈 계획입니다.

**시민과 연결되는 외부 전략:**

각 거점 공간의 특성과 콘셉트를 잘 연결할 수 있도록 공간 경험 요소를 지속적으로 보완하고 발전시키겠습니다.
이용자들의 재방문을 유도할 수 있도록 꾸준한 소통과 관계 형성을 위한 커뮤니케이션 활동을 강화하겠습니다.
서울야외도서관과 주요 거점의 핵심 콘텐츠를 선별하고 이를 확장·발전시켜 브랜드만의 고유한 색을 만들어가겠습니다.
일방적인 정보 전달을 넘어 도서관 콘텐츠를 기반으로 시민들과 소통할 수 있는 다양한 채널을 활성화하겠습니다.

**브랜드를 조직 안에 뿌리내리는 내부 전략:**

모든 조직 구성원이 같은 방향성을 공유하고 소통할 수 있도록 통합적인 커뮤니케이션 시스템을 마련하겠습니다.
브랜드의 핵심 가치가 실제 업무에 자연스럽게 반영될 수 있도록 내·외부 운영 인력을 대상으로 정기적인 교육을 실시하겠습니다. 조직과 개인이 함께 성장할 수 있도록 역할에 맞는 맞춤형 전략을 수립해 실행하겠습니다.
마지막으로 현장의 다양한 의견과 아이디어를 적극 반영하여 브랜드 전략을 지속적으로 개선하고 서울야외도서관의 서비스 품질을 높여가겠습니다.

이러한 노력을 바탕으로 서울야외도서관은 시민과 함께 성장하는 브랜드로 나아가고자 합니다. 브랜드의 가치를 높이는 동시에 서울 시민의 삶에 긍정적인 영향을 주는 공공도서관의 역할을 다하겠습니다. 서울야외도서관은 시민과 함께 만드는 도서관입니다. 앞으로도 시민 여러분께서 서울야외도서관 브랜드를 함께 만들어가는 주체가 되어 적극적으로 참여해주시기를 기대합니다.

# 4
# 공공도서관 혁신을 위한 도전
### 서울야외도서관의 성과

# 개념 정립과 5개년 계획의 설계

## 서울광장에서 책을 읽는다는 것

    2022년 2월 14일, 서울도서관장으로 취임한 저는 서울광장을 서울도서관과 연결하여 책 읽는 공간으로 만들어보라는 시장의 지시가 있었다고 보고 받았습니다. 북트럭 몇 대에 책을 비치하는 식의 전시성 행사는 이미 여러 번 시도되었지만 시민들의 반응이나 효과는 미미했습니다. 그만큼 구체적인 계획이나 예산도 없는 상태였습니다. 저는 이 지시를 단순한 행사가 아닌, 서울도서관이 수행해야 할 사명과 연결된 의미 있는 공공도서관 프로그램으로 만들어야 한다고 판단했습니다.

    가장 먼저 고민한 것은 "왜 서울광장에서 책을 읽어야 하는가?"라는 근본적인 질문이었습니다. 사람들은 왜 도서관 건물 안이 아닌 도심 한복판 광장에서 책을 읽어야 할까? 그 질문에 대한 설득력 있는 답이 필요했습니다. 그리고 그 가치는 시민들에게 전달 가능한 언어로 정리되어야 했습니다.

    서울광장은 서울을 대표하는 장소입니다. 많은 시민과 방문객이 모이고 다양한 행사가 이루어지는 이곳에서 시민들이 자연스럽게 책을 읽는 모습을 만들어낸다면 그것은 도시의 풍경을 바꿀 뿐만 아니라 그동안 고민해온 공공도서관의 기능과 개념 자체를 확장하는 혁신적인 시도가 될 수 있겠다는 확신이 들었습니다.

## 도서관 건물을 넘어선, 건물 없는 도서관

　이러한 고민은 곧 도서관이라는 공간 개념을 근본부터 다시 생각하게 만들었습니다. 저는 그동안 광진정보도서관장으로 있으면서 도서관 리모델링과 신축 사업을 진행했는데, 그 과정에서 공간으로서의 도서관에 대해 깊이 고민해왔습니다. 그 경험은 도서관 공간이 굳이 건물 안에 머무를 필요가 없다는 생각으로 이어졌습니다. 도서관이 건물 밖으로 나간다면 더 이상 주차와 편의시설 중심의 공간이 아니라 자연과 도시, 사람과 우주를 잇는 열린 플랫폼이 될 수 있다고 생각했습니다.

　이러한 관점의 전환은 곧 서울야외도서관이라는 개념으로 구체화되었습니다. 도서관 서비스의 기본 바탕을 실내가 아니라 야외라고 가정한다면 우리는 기존에 제공하지 못했던 콘텐츠를 제공할 수 있고 책 읽기 경험을 더욱 확장할 수 있습니다. 이것은 단지 하나의 프로그램 개발이 아니라 건물 없는 도서관이라는 새로운 공공도서관 모델의 도입이었습니다.

# 서울야외도서관을 통한 공공도서관 혁신의 실험

 이 도전은 세계적으로도 유례가 없는 시도였습니다. 참고할 만한 사례도 없었고 벤치마킹도 불가능했습니다. 그러나 그만큼 충분히 도전할 가치가 있다고 생각했습니다. 이는 공공도서관의 위기에 대응하는 새로운 실험이자 커뮤니티 플랫폼으로서의 도서관 기능을 회복하고 확장하려는 기획이었기 때문입니다. 동시에 저는 이 사업을 통해 서울도서관 자체의 조직 개편과 역량 강화도 시도하고자 했습니다. 단순히 야외에서 책을 읽는 이벤트를 넘어서 내부 조직과 인력이 함께 움직이고 시민과의 접점을 넓히며 공공성과 지속가능성을 담은 도서관 혁신의 대표 사례를 만들어보고자 했습니다.

 이 사업의 가치는 「도서관법」, 「독서문화진흥법」과 「서울특별시 도서관 및 독서문화진흥조례」 등 기존의 법적 기반 위에서 정당하게 수립되었습니다. 서울야외도서관은 확장된 공공 공간을 활용한 독서문화 진흥의 실험장이며 체험과 교류를 아우르는 복합문화 플랫폼이 될 수 있었습니다.

## 5개년 계획으로 도전한 서울야외도서관

저는 이 사업을 서울도서관장 임기 내에 체계적으로 추진하고자 5개년 계획을 수립했습니다. 임기 첫해인 2022년은 시범사업 단계로, 개념을 실험하고 가능성을 확인하는 시기였습니다. 2023년부터 2025년까지는 본사업 단계로 거점을 확장하고 프로그램을 고도화하며 정책으로 구체화하는 시기로 설정했습니다. 2026년은 지속가능성 확보 단계로 내부 역량을 안정화하고 제도화의 기반을 다지는 시기로 계획했습니다.

서울야외도서관은 제가 서울도서관장직에 있는 동안 공공도서관 개혁의 중심 도구가 될 것입니다. 이는 프로그램을 기획하는 차원을 넘어서 공공도서관의 존재 방식과 미래 역할을 새롭게 상상하고 실천하는 도전입니다. 시민, 서울시, 서울시의회 등 다양한 주체의 지지와 공감 속에서 이 가치를 실현해나갈 수 있도록 서울야외도서관을 잘 꾸려서 함께 만드는 공공도서관의 미래를 그려나가고자 합니다.

## 서울야외도서관 사업 개념 및 5개년 계획

| 사업명 | 서울야외도서관 |
|---|---|
| 사업 목표 | 공공도서관의 기능과 개념 확장 :<br>야외 공간과 서울도서관의 연결을 통한 책 읽는 공간의 혁신 |
| 핵심 개념 및 특성 | ① 공간을 넘어선 도서관, 건물 없는 도서관<br>• 실내를 벗어나 야외에서 제공되는 도서관 서비스<br>↳ 콘텐츠 제공 및 독서 경험 범위의 확장<br>② 공공도서관 역할 확대<br>• 공공도서관의 위기에 대응하는 새로운 실험<br>↳ 커뮤니티 플랫폼으로서 교류의 공간으로 확장<br>③ 야외도서관과 접목한 신개념 독서문화<br>• 야외도서관과 연계한 새로운 독서문화 실험<br>↳ 텍스트힙 시대에 맞는 대한민국 독서문화 선도<br>④ 서울도서관 조직 개편과 역량 강화<br>• 지속가능한 도서관 서비스 개발<br>↳ 복합 문화 플랫폼으로의 성장 |
| 추진 계획 | • 2022년 시범사업 단계: 개념 실험 및 가능성 탐색<br>• 2023~2025년 본사업 단계: 거점 확장 및 프로그램, 정책 구체화<br>• 2026년 지속가능성 확보 단계: 내부 역량 안정화 및 제도화 |

# 서울야외도서관, 4년간의 발자취

## 2022년 서울야외도서관: 서울야외도서관의 시작

〈책읽는 서울광장〉은 2022년 4월 23일, 세계 책의 날을 맞아 시작되었습니다. 시범사업을 추진하기 위해 가장 먼저 해결해야 했던 과제는 사업의 개념과 가치를 명확히 정립하고 이를 실현할 수 있는 초기 자금을 확보하는 일이었습니다. 비록 당시에는 서울야외도서관이라는 명칭조차 정해지지 않은 상태였지만 서울광장에서 시민들이 책을 읽는 문화를 어떻게 만들어갈 것인지에 대한 철학과 전략부터 세웠습니다.

기존의 서울광장 책 읽기 프로젝트는 책장 몇 개와 책 몇 권만을 비치한 채 시민들의 자발성을 기대하는 수동적인 방식이었습니다. 이는 독서문화의 확산이라는 본래의 목적을 달성하기에는 역부족이었습니다. 이제는 단순히 책을 제공하기보다 시민들이 책을 읽고 싶게끔 그 동기를 제공해야 하며, 이를 위해선 도서관이라는 닫힌 공간을 넘어 서울광장이라는 열린 공간이 마련되어야 한다고 보았습니다.

서울광장에서 책을 읽는다는 것은 공공도서관이 오랜

시간 추구해온 핵심 가치인 독서문화 확산을 야외라는
새로운 공간 개념에서 실현하는 시도였습니다. 무엇보다
도서관을 벽 안에 가두지 않고 바깥으로 끌어내는 혁신은
공공도서관이 직면한 지속가능성 측면의 위기를 넘어서는
창의적 해법이었습니다. 서울야외도서관은 시민에게 기발함,
편리함, 유익함이라는 새로운 가치 경험을 제공함으로써
책을 읽는 행위가 문자 그대로의 독서 행위가 아닌 일상에
자리하는 하나의 문화가 되도록 만든 것입니다. 이는 기존의
당위 중심 독서 운동과는 분명히 다른 접근 방식이었습니다.

먼저 시민들이 책을 읽고 싶은 공간을 만들자는 데에
초점을 맞추었습니다. 마치 자주 찾고 싶은 카페처럼 누구나
편안하게 접근할 수 있는 책 읽기 공간을 구현하기 위해
색감, 분위기, 동선 등 공간의 세부 요소까지 세심하게
설계하였습니다. 이를테면 서울광장의 푸른 잔디 위에
파스텔톤의 서가, 빈백, 양산 등을 배치하여 시각적으로
인상적인 공간을 연출하는 '색 마케팅'이 있습니다. 이런
감각적 즐거움을 주는 색 마케팅은 독서 집중도를 높이는
데에 도움이 되는 백색소음을 도입한 '소리 마케팅',
나아가 서울야외도서관을 상징하는 향을 개발한 '향기
마케팅'으로도 확장되었습니다. 다채롭고 풍성한 감각적 환경
조성은 곧 이용자들의 자발적인 SNS 홍보로 이어졌습니다.

책을 접하는 절차를 간소화하여 도심 한가운데
잔디밭에서 책을 자연스럽게 집어들 수 있는 환경을 조성한

것도 차별점이었습니다. 책을 대출하거나 반납하는 절차를 최소화하고 이용자에게 책 읽기를 강요하지 않는, '친절한 무관심 마케팅' 전략도 도입하였습니다. 당시 가장 우려하던 부분은 신원 확인이나 대출 절차 없이 자유롭게 도서 열람이 가능하다는 점이었습니다. 책을 분실할 가능성이 크다는 지적이 있었음에도 서울시민의 성숙한 시민의식을 믿고 시민이 직접 만들어가는 도서관이라는 개념을 중심에 둔 덕분에 실행할 수 있었습니다. 실제로는 책 분실 사례가 거의 발생하지 않았으며 한 이용자는 반납하지 못한 책에 대한 사과 편지와 함께 책을 추가로 사서 돌려주기도 하였습니다.

이러한 결단은 책이 옆에 있는 것만으로도 독서문화의 씨앗을 심을 수 있다는 믿음에서 출발하였습니다. 더불어 도서관이라는 분위기만 유지할 수 있다면 시민 스스로 독서를 선택할 수 있으리라는 판단이 함께하였습니다. 이에 협력 파트너를 찾는 과정에서도 해당 가치가 중심이 되었습니다. 서울시 금고인 신한은행이 서울야외도서관의 철학에 공감하면서 '참신한 오픈라이브러리 프로젝트'라는 이름의 시범사업을 진행할 수 있었습니다. 공공성과 협업의 균형을 유지하기 위해 신한은행 로고는 책 읽는 인형 모양으로 튀지 않게 표현하였고 상업적 이미지가 과도하게 노출되지 않도록 조율하였습니다.

마지막으로 예산과 준비 기간이 부족한 상황이었기에 프로그램 자체가 시민의 관심을 유도하고 이용자가 직접

SNS를 통해 경험을 확산시킬 수 있도록 설계하였습니다. 서울야외도서관의 기발함, 편리함, 유익함은 홍보 전략의 핵심 키워드가 되었으며 시민의 자발적 홍보를 유도하는 핵심 장치로 작동하였습니다.

 이러한 전략에 힘입어 2022년 전반기 〈책읽는 서울광장〉 시범사업은 성공적으로 이루어졌습니다. 이후 서울광장 전체로 공간을 확대하였고 이용자의 수요를 지속적으로 파악하여 요일별 특화 프로그램도 도입하였습니다. 평일에는 직장인과 청년을 위한 인문학 강연과 요가 프로그램을, 주말에는 가족 단위 이용자를 위한 육아 토크쇼와 창의 놀이터 등을 운영하며 도서관 서비스를 시민들의 생활에 녹여냈습니다. 무엇보다 이 시범사업의 성공은 곧 시민과 함께 만들어가는 새로운 공공도서관 모델의 신호탄이 되었습니다.

 서울야외도서관이 자리 잡아가는 과정에서 이 사업을 제안한 오세훈 서울시장의 관심과 지원도 큰 힘이 되었습니다. 역시 조직에서 최고 리더의 가치와 의지가 얼마나 중요한지 체감하게 되었습니다.

 2022년은 이러한 성과를 바탕으로 서울야외도서관 프로그램을 본격적으로 운영하기 위한 개념 정립과 경험이 축적된 시기였습니다.

**2022년 〈책읽는 서울광장〉으로 운영된 서울야외도서관 운영 결과**

- 운영 장소: 서울광장
- 운영 기간: 전반기(2022. 4. 23 ~ 6. 25), 하반기(2022. 9. 2 ~ 11. 13)
- 운영 일수: 전반기 20일+하반기 23일 = 43일, 전반기 금·토요일, 하반기 금·토·일요일 운영
- 참여 인원: 전반기 48,950명+하반기 163,000명=211,950명, 일평균 4,929명
- 언론 보도: 인터넷 786건+지면 46건+방송 33건=865건
- 도서 운영: 11개 주제 5,000권
- 도서 분실률: 0.3%
- 프로그램 수: 하반기 316회
- 협업: 서울시의 총 16개 부서 18개 프로그램 및 행사

## 2023년 서울야외도서관: 본격적인 '건물 없는 도서관'

2023년 서울야외도서관 사업은 〈책읽는 서울광장〉의 개념을 더욱 구체화하고 광화문광장이라는 익숙한 공간으로 그 무대를 확장해 서울야외도서관을 본격적으로 정착시키는 데 목표를 두었습니다.

① 〈책읽는 서울광장〉

먼저 2022년 시민들의 큰 호응을 바탕으로 〈책읽는 서울광장〉은 단순히 책을 읽는 공간을 넘어 책과 문화, 쉼이 어우러진 지식문화 활동의 장으로 발전하였습니다. 세대가 공존하는 열린 공간이자 누구나 쉽게 찾아와 책과 문화를 접할 수 있는 도심 속 도서관으로서의 성격을 갖추어갔습니다. 평일에는 인근 직장인들을 위한 휴식 공간이 되고 주말에는 누구에게나 열린 열람실이 되어 가족, 친구, 연인이 함께 시간을 보낼 수 있는 활동적이고 자유로운 도서관의 모습을 담아냈습니다.

이에 따라 〈책읽는 서울광장〉은 5,000권의 도서를 11개의 주제별 상징 서가에 배치하고 빈백과 매트를 활용해 총 1,600석 규모의 독서 공간을 마련하였습니다. 낮뿐만 아니라 밤에도 시민이 머물 수 있도록 벌룬 라이트를 설치하여 야간 운영을 시작하였으며, 여행도서관을 대사관·문화원·관광청과 협력으로 운영하여 해외 여러 나라의 문화를 소개하는 콘텐츠와 공연을 제공하였습니다. 또 지역 농산물 판매와 로컬푸드 큐레이션을 접목한, 로컬푸드를 품은 야외도서관을 통해 도시와 농촌을 연결하는 상생 프로그램도 선보였습니다.

② 〈광화문 책마당〉

    2023년에는 새로운 공간으로 〈광화문 책마당〉을 시도하며 서울야외도서관의 외연을 넓혔습니다. 그동안 보행 위주의 이용으로 콘텐츠가 부족했던 광화문광장을 광화문 라운지, 세종 라운지, 육조마당 등으로 나누어 책문화 공간으로 재해석한 것입니다. 광화(光化)에서 착안한 빛의 상징성과 광화문의 핵심 콘텐츠인 세종대왕에서 연상되는 한글을 결합한 결과 〈광화문 책마당〉에는 24개의 빛의 한글 서가가 배치되었고, 이곳에 사서가 엄선한 5,000권의 도서가 채워졌습니다. 또한 1,200권의 책은 60여 개의 책바구니를 통해 어디서든 쉽게 책을 만날 수 있도록 별도 비치되었습니다. 기존의 빈백 외에도 인디언 텐트 등 다양한 독서 공간을 마련하여 시민들이 보다 편안하고 자유롭게 책과 만날 수 있도록 구성하였습니다.

    빛을 활용한 공간 디자인을 통해 본격적인 야간 서비스가 가능해진 광화문광장은 공연, 강연, 체험 프로그램은 물론 서울시 정책 홍보, 구석구석 라이브, 지역서점 및 독립출판 홍보, 움직이는 책방, 피아노 버스킹 등 다채로운 협력 프로그램이 더해지며 활력 넘치는 도심 속 야외도서관으로 거듭났습니다.

    이처럼 2023년은 단순히 공간의 확장을 넘어 책과 문화, 사람과 도시를 연결하는 새로운 공공도서관의 가능성을 실험하고 구현하는 해였습니다.

③ 〈책읽는 맑은냇가〉

2023년 청계천에서는 <책읽는 맑은냇가>라는 이름의 야외도서관을 3일간 시범 운영했습니다. 비록 3일이었지만 시민들의 반응은 폭발적이었고 이러한 인기를 기반으로 2024년부터 정식 운영을 하기로 결정하였습니다. 3일간 오롯이 책에 몰입할 수 있도록 별도의 프로그램은 진행하지 않았습니다. 다만 냇가에서 책을 읽는다는 특별한 경험을 기록으로 남기기 위해 전문사진작가가 찍어주는 독서인생샷 프로그램을 운영하였고 이 역시 이목을 끌었습니다.

**2023년 〈책읽는 서울광장〉으로 운영된 서울야외도서관 운영 결과**
- 운영 장소 : 서울광장
- 운영 기간 : 2023. 4. 23 ~ 11. 12 (전반기·혹서기·하반기)
- 운영 일수 : 70일, 매주 목·금·토·일요일 운영
- 참여 인원 : 550,416명, 일평균 7,863명
- 언론 보도 : 보도자료 7건+인터넷 603건+지면 6건+방송 4건+기타 6건=626건
- 도서 운영 : 5,000권 (서가 3,000권+책바구니 1,000권+이벤트 북 큐레이션 1,000권)
- 도서 분실률 : 0.86%
- 프로그램 수 : 하반기 215회

- 협업: 총 23개 기관 56개 프로그램 및 행사
- 설문: 표본 2,984명, 만족도 93.4%, 재방문 의사 93.1%, 문화 향유 93.0%, 독서 비율 100%

**2023년 〈광화문 책마당〉으로 운영된 서울야외도서관 운영 결과**
- 운영 장소: 실외 광화문광장 및 실내 광화문 라운지와 세종 라운지
- 운영 기간: 2023. 4. 23 ~ 11. 12 (전반기·혹서기·하반기)
- 운영 일수: 실외 33일, 실외 195일
- 참여 인원: 실외 551,495명 + 실내 498,950명 = 총 1,050,445명, 실외 일평균 16,712명
- 언론 보도: 인터넷 382건 + 지면 5건 + 방송 12건 + 기타 3건 = 407건
- SNS: 게시 399건, 조회 353,926건, 팔로우 13,412건
- 도서 운영: 4,706권 (실외 2,195권 + 실내 2,511권)
- 도서 분실률: 0.6%
- 프로그램 수: 101회
- 협업: 총 62개 프로그램 및 행사
- 설문: 표본 705명, 만족도 94.9%, 재방문 의사 95.9%, 추천 의사 95.7%, 독서자 비율 89.4%

**2023년 〈책읽는 맑은냇가〉로 운영된 서울야외도서관 운영 결과**
- 운영 장소: 청계천 모전교 ~ 광통교 사이
- 운영 기간: 2023. 10. 13 ~ 10. 15 (금·토·일요일), 우천으로 토요일 미운영
- 운영 일수: 2일

- 참여 인원 : 9,417명
- 언론 보도 : 25건
- SNS : 게시 61건, 조회 54,071건
- 도서 운영 : 1,000권
- 프로그램 수 : 1회

## 2024년 서울야외도서관:
## 서울야외도서관 브랜드 아이덴티티 도입

    2024년 서울야외도서관 사업은 지난 2년의 성과를 바탕으로 서울야외도서관을 표준화하는 데 목표를 두고 진행되었습니다. 서울도서관 내부에서는 서울야외도서관의 개념을 다시 한번 정립하고 가치를 공유하는 한편, 외부적으로는 서울야외도서관 확산을 위한 준비 과정에 착수하였습니다.

    특히 2024년에는 서울야외도서관 브랜드 마케팅을 본격적으로 추진하며 서비스 용어를 통일하고 서울야외도서관 전체 개념과 장소별 세 가지 서비스에 대해 통합된 브랜드 아이덴티티(BI)를 도입하였습니다. 또한 2023년 시범사업으로 진행되었던 〈책읽는 맑은냇가〉를 정식 서비스로 확대 운영하였습니다. 2024년에는 혹서기와 장마철에도 서비스를 중단하지 않고 꾸준히 운영하였으며 특히 혹서기에는 주로 야간도서관인 밤도서관으로 운영하는 전략을 펼쳤습니다. 다만 해당 기간에 기상 여건에 따라 실제 운영일이 다소 줄어드는 등 효율성 측면에서는 새로운 과제와 직면하기도 했습니다.

① 〈책읽는 서울광장〉

〈책읽는 서울광장〉은 '도시의 거실'이라는 개념 아래, 플랫폼 프로그램, 일반 프로그램, 상설·이벤트 프로그램으로 구분되어 기획 및 운영되었습니다. 플랫폼 프로그램에는 해외 및 국내 지방자치단체와 협업하는 '여행도서관', 서울시 내 부서와 협력하여 정책을 알리는 '동행매력 서울', 지방자치단체의 농산품 및 특산품을 선보이는 '동행마켓'이 포함되었습니다. 일반 프로그램에는 정기 공연과 체험활동이 제공되었으며, 상설·이벤트 프로그램으로는 '사일런트 야(夜)한 책멍', '기후환경 보드게임', '서울야외도서관 스탬프 투어'와 한 줄 리뷰 등이 운영되었습니다. 방문객 통계에 따르면 가족 단위 방문객이 45.2%로 가장 많았으며, 친구·연인과 동행한 비율이 21.3%, 혼자 방문한 이용자가 19.3%, 직장 동료와 함께 온 경우는 13.2%로 나타났습니다. 더불어 세대별로는 40대가 30.9%, 30대가 28.8%를 차지하였습니다. 이는 도시의 거실이라는 공간 개념 차별화를 통해 가족 단위 방문이 늘어나고 내·외부 네트워킹이 강화된 결과로 해석됩니다.

② 〈광화문 책마당〉

　〈광화문 책마당〉은 독서와 휴식이 공존하는 일상 속 비일상 공간, 즉 도심 속 휴양지라는 개념을 지속적으로 추구하며 프로그램 역시 플랫폼 프로그램, 일반 프로그램과 상설·이벤트 프로그램으로 나누어 운영되었습니다. 플랫폼 프로그램에는 국내외 관광객을 대상으로 하는 '웰컴서울', 시민과 서울시 정책을 연결하는 '동행매력 서울', 지방자치단체 농산물 시장 '동행마켓'이 포함되었습니다. 일반 프로그램으로는 MZ세대를 겨냥한 '달빛 낭만극장'을 비롯한 콘서트 및 공연예술 프로그램이 마련되었고, 상설·이벤트 프로그램에는 사일런트 야(夜)한 책멍과 한강 작가 노벨문학상 수상기념 세계노벨문학축제 등이 함께했습니다. 실내 공간에서는 '독서는 힙하다' 사진 공모전을 열었고, AI 안내 로봇 리브로(Libro)를 도입하여 서울야외도서관 홍보를 강화하였으며, 전자책과 오디오북 서비스를 제공하여 다양한 독서 경험을 지원하였습니다.

③ 〈책읽는 맑은냇가〉

　2024년부터 공식적으로 본격 서비스에 들어간 〈책읽는 맑은냇가〉는 청계천의 청계광장부터 모전교, 광통교까지 약 300㎡에 달하는 구간에서 운영되었습니다. 도심 속

냇가인 청계천에서 책과 문화를 즐기는, 이른바 일상 속 휴식 공간을 마련한 것입니다. 다양한 연령층을 대상으로 그림책, 신간, 교양 도서 등 약 2,000권의 책을 비치하는 건물론 디지털 기기를 넣을 수 있는 몰입상자와 잔잔한 배경 음악도 준비하여 독서 몰입 환경을 제공하였습니다. 무엇보다 외국인 방문객이 많았던 만큼 한국문학번역원은 노벨문학상 수상작, 맨부커상 수상작 등 한국문학 우수작을 33개의 언어로 번역한 도서 59종을 기증하였으며, 한강 작가의 노벨문학상 수상 이후에는 특별 북 큐레이션으로 한강 작가의 작품 10종을 포함 총 693권의 도서를 제공하여 큰 호응을 얻었습니다.

### 2024년 〈책읽는 서울광장〉으로 운영된 서울야외도서관 운영 결과

- 운영 장소: 서울광장
- 운영 기간: 2024. 4. 18 ~ 11. 9 (혹서기 및 장마철에도 서비스)
- 운영 일수: 73일, 주간 27일 + 야간 46일, 매주 목·금·토·일요일 운영, 우천으로 24일 미운영
- 참여 인원: 875,174명, 일평균 11,988명
- 언론 보도: 인터넷 632건 + 지면 19건 + 방송 41건 + 사진 1,145건 = 1,837건 (3개 거점 통합)
- 도서 운영: 5,511권 (서가 5,000권 + 책바구니 511권)
- 도서 분실률: 0.5%
- 협업: 총 52개 기관 (14개 국가, 23개 지방자치단체 및 서울시 15개 부서)

- 설문: 표본 2,556명, 만족도 92.0%, 재방문 의사 92.7%, 추천 의사 93.1%, 독서자 비율 82.2%

## 2024년 〈광화문 책마당〉으로 운영된 서울야외도서관 운영 결과

- 운영 장소: 광화문광장
- 운영 기간: 2024. 4. 18 ~ 11. 10 (혹서기 및 장마철에도 서비스)
- 운영 일수: 실외 65일 (매주 금·토·일요일 운영) 실내 301일
- 참여 인원: 실외 722,340 (일평균 11,113명) + 실내 729,911명 (일평균 2,425명) = 총 1,452,251명
- 언론 보도: 인터넷 632건 + 지면 19건 + 방송 41건 + 사진 1,145건 = 1,837건 (3개 거점 통합)
- 도서 운영: 4,937권 (실외 4,283권 + 실내 654권)
- 도서 분실률: 0.68%
- 프로그램 수: 총 259회
- 협업: 총 94회 (웰컴서울 42회 + 동행매력서울 35회 + 동행마켓 17회)
- 설문: 표본 1,958명, 만족도 87.8%, 재방문 의사 87.4%, 추천 의사 87.3%, 독서자 비율 89.4%

## 2024년 〈책읽는 맑은냇가〉로 운영된 서울야외도서관 운영 결과

- 운영 장소: 청계천 청계광장, 모전교 및 광통교 일대
- 운영 기간: 2024. 4. 18 ~ 11. 9 (혹서기 및 장마철에도 서비스)
- 운영 일수: 78회, 매주 목·금·토·일요일 탄력적 운영
- 참여 인원: 688,025명, 일평균 8,820명
- 프로그램 수: 1회 (사일런트 야한 책멍)
- 특별 공연: 4회 (독서 집중을 위한 백색소음으로)

- 언론 보도: 인터넷 632건+지면 19건+방송 41건+사진 1,145건=1,837건 (3개 거점 통합)
- 도서 운영: 2,934권 (기증 976권 포함)
- 도서 분실률: 0.54%
- 설문: 표본 1,007명, 만족도 95.9%, 재방문 의사 94.9%, 추천 의사 95.2%, 독자자 비율 85.9%

## 2025년 서울야외도서관: '힙독클럽' 출범, 시대적 흐름에 반응하는 도서관

　2025년 서울야외도서관 사업은 초창기에 설정한 독서문화 확산이라는 본질을 더욱 명확히 드러내는 해로 삼았습니다. 그동안 서울도서관이 커뮤니티 플랫폼으로서의 공공도서관 모델을 제시할 수 있다고 판단했기 때문입니다. 물론 광역대표도서관, 기초지방자치단체도서관, 작은도서관 등 각 도서관의 특성에 따라 지역 밀착형 프로그램 내용은 다소 차이가 있겠지만, 정보와 지식 제공뿐 아니라 체험과 교류를 통한 커뮤니티 중심의 공공도서관이라는 방향성은 확실해졌습니다. 과거 기성세대에게 좋은 책이 독서의 출발점이 되었다면 MZ세대에게는 좋은 공간과 경험이 책과 함께해야 한다는 사실에 방점을 찍었습니다. 좋은 공간과 경험이 마련된 만큼 이제 본격적으로 좋은 책에 몰입할 수 있는 프로그램을 강화하기로 했습니다.

2025년 서울야외도서관은 이번에도 어김없이 세 가지
주요 공간인 〈책읽는 서울광장〉, 〈광화문 책마당〉 그리고
〈책읽는 맑은냇가〉를 통해서도 시민과 다시 만났습니다.
여기에 두 가지 혁신적 방법론을 도입했고, 그 연장선으로
서울야외도서관만의 북클럽을 출범했습니다.

① 한 걸음 더 진화된 공간 혁신

기존 서울야외도서관의 첫 번째 공간 혁신은 도서관
건물 안에서 건물 밖으로, 즉 도서관 주변 야외 공간으로
서비스 거점을 확장한 '건물 없는 도서관' 개념이었습니다.
그러나 북클럽 프로그램을 운영하다보니 반드시 도서관
인근 공간을 확보할 필요가 없었습니다. 우리 선조들이 자연
속에서 책을 읽었던 것처럼 북클럽은 책 읽기 좋은 자연
공간으로까지 개념 확장이 가능했습니다. 즉 도서관 야외
공간을 전국 어디서나 독서하기 좋은 자연 공간으로 확대한
것입니다. 이로써 언제 어디서나 책 읽기가 가능한 아날로그
유비쿼터스 도서관, 즉 노마드 리딩(nomad reading) 개념이
탄생했습니다.

노마드 리딩은 책 읽기 좋은 장소를 찾아 끊임없이 이동과
변화를 거듭하며 독서를 지속하는 것이라는 의미를 담고
있습니다. 노마드는 유목민을 뜻하는 라틴어 'nomas', 더
나아가 고대그리스어 'nomás'에서 유래했으며, 그 어근은

할당된 땅을 뜻하는 인도유럽어 'nem-'에서 비롯되었습니다. 이로써 노마드 리딩은 이동을 멈추지 않는 유목민처럼 독서도 특정한 목적지에 도달하는 것이 아니라 수많은 여정을 따라 평생 이어지는 과정임을 뜻합니다.

② 독서문화 진흥 방법론의 변화

기존 출판사 중심의 도서 판매 위주 북클럽과 달리 서울야외도서관은 공공영역 최초로 만 명 단위의 대규모 북클럽을 운영하는 도전을 시작하였습니다. 과거 광진정보도서관에서는 '책 읽는 엄마학교'라는 독서클럽 프로그램을 성공적으로 운영한 바 있습니다. 그 경험을 살려 이번에는 광역자치단체 차원에서 대규모로, 게다가 다른 지방자치단체로도 확산할 수 있는 새로운 형태의 북클럽을 구상하였습니다.

아이디어의 출발점은 텍스트힙(text hip) 열풍이었습니다. 최신 유행을 따르거나 매우 인기 있는 상태를 뜻하는 영어 표현 '힙하다'는 대한민국에서 개성 있고 신선한 스타일을 칭할 때 자주 사용됩니다. 텍스트힙은 독서와 글쓰기 등과 같은 텍스트 기반 활동을 멋지고 세련된 행위로 인식하는 현상입니다. 텍스트힙 열풍은 최근 전 세계에 불고 있는 가운데, 2023년 영국 출판시장은 사상 최초로 70억 파운드가 넘는 매출을 기록했고 틱톡의 '#BookTok'

2025 서울야외도서관 포스터 시리즈와 힙독클럽 포스터

해시태그 게시물은 3,370만 개를 돌파했으며, 북 튜브 조회수는 3억 5,000만 건을 넘어섰습니다. 국내에서는 민음사, 문학동네, 창비 등 다양한 출판사의 북클럽이 큰 인기를 끌고 있습니다.

책을 사랑하는 유명인들의 파급력 역시 텍스트힙 열풍을 증명합니다. 예컨대 2024년에는 영국 『가디언』지가 '독서는 섹시하다(Reading is so sexy)'라는 슬로건과 함께 Z세대가 종이책과 도서관으로 눈을 돌리는 현상을 특집으로 다루었고, 유명 모델 카이아 거버(Kaia J. Gerber)가 운영하는 북클럽 '라이브러리 사이언스(Library Science)'를 소개하였습니다. 영국 가수 두아 리파(Dua Lipa)의 '서비스95(Service95)', 미국 배우 리즈 위더스푼(Reese Witherspoon)의 '리즈의 북클럽(Reese's Book Club)', 엠마 로버츠(Emma Roberts)의 '벨레트리스트(BELLETRIST)' 등 다른 유명인들의 북클럽들도 주목받고 있습니다. 국내에서는 배우 하석진, 방탄소년단의 RM, 아이브의 장원영 등 스타들이 읽는 책이 베스트셀러에 등극하는 등 이슈가 되고 있습니다.

이런 흐름에 힘입어 미국 미디어 매체 '팝슈가닷컴'은 "요즘 새로운 스타들의 최고의 액세서리는 명품 가방이 아니라 명품 책이다(The best accessories on the new gossip girl aren't the It Bags — They're the It Books)"라는 칼럼을 실었고, 그에 따라 '잇북(#ItBook)' 열풍도 불고 있습니다. 잇북이란 1990년대~2000년대 패션업계에서 고가의 디자이너 핸드백

브랜드 가운데 인기가 높은 베스트셀러 가방을 일컫던
'잇백(ItBag)'에서 유래된 말입니다. 세련되고 멋진 스타일을
뜻하는 시크하다에서 단어를 따온 '북시크(#Bookchic)'
현상도 주목할 만합니다. 이처럼 독서활동이 다시
힙하고 멋진 문화로 자리 잡는 시대적 흐름을 바탕으로
서울야외도서관은 '힙독클럽'이라는 혁신적인 북클럽을
기획하고 운영하기로 했습니다.

## 힙독클럽(Hip+讀+클럽)

　서울야외도서관의 힙독클럽은 도서관의 핵심 사명인
독서문화 진흥을 시대적 흐름에 맞춰 혁신적으로 실현하고자
기획된 프로그램입니다. 이 클럽의 명칭 '힙독'은 최근
떠오르고 있는 텍스트힙 트렌드에서 착안한 신조어로, 최신
유행을 따르고 멋진 감성을 담고 있다는 의미의 힙(hip)과
읽다라는 뜻의 한자 독(讀)을 결합하여 탄생했습니다.
　힙독클럽은 단순한 독서모임을 넘어 시대의 감각을
반영한 새로운 형식의 회원제 공공독서클럽을 표방합니다.
전국의 만 14세 이상 독서에 관심 있는 사람이라면 누구나
참여 가능하며, 연 단위로 운영되는 무료 회원제 클럽입니다.
2025년 첫걸음을 뗀 '힙독클럽 1기'는 1만 명의 회원을
모집하여 공식 출범하였습니다. 이 클럽은 공공도서관이
주도하여 대규모로 운영하는 국내 최초의 시도이며, 기존의

독서동아리나 소규모 독서모임과는 차별화된 새로운 독서문화의 모델을 제시하고 있습니다. 서울야외도서관의 힙독클럽은 기존의 진지하고 엄숙한 독서모임과는 달리 독서에 대한 흥미를 유발하고 더 많은 시민이 자발적으로 책을 즐기도록 하는 데 중점을 두었습니다. 아래는 그 구체적인 방향성입니다.

첫째, 힙독클럽은 사회적 독서를 실현할 수 있는 새로운 형태의 독서 플랫폼을 지향합니다.

　　과거 독서는 혼자 조용히 책을 읽는 개인적인 행위로 인식되었지만, 이제는 책을 매개로 타인과 소통하고 서로의 삶을 나누며 함께 성장하는 과정으로 그 개념이 전환되고 있습니다. 이러한 사회적 독서의 개념은 정부의 제3차 독서문화진흥기본계획과 2022년 개정 국어과 교육과정에서도 중요한 방향으로 제시되고 있습니다.

둘째, 힙독클럽은 고정된 회원 중심이 아니라 책과 주제 중심의 열린 독서모임을 지향합니다.

　　고정된 소수 멤버와의 반복되는 만남에 부담을 느끼는 젊은 세대가 좀 더 유연하고 자유로운 독서 환경을 선호한다는 최근의 동향에 주목한 결과입니다. 힙독클럽의 프로그램은 회원들이 느슨한 소속감을 바탕으로 각자의 관심 주제에 따라 자유롭게 참여하고 목적 달성 후 해체되는 방식으로 운영됩니다. 친절한 무관심이라는 개념처럼 적당한 거리를 유지하면서도 그 안에서 소통할 수 있게끔 설계했습니다.

셋째, 힙독클럽은 온라인과 오프라인을 넘나드는 진정한 유비쿼터스 독서활동을 제공합니다.

정해진 장소와 시간에 모여 함께 책을 읽고 흩어지는 '리딩몹(reading mob)' 활동이나 자연을 찾아다니면서 책을 읽는 '노마드 리딩' 프로그램을 통해 회원들은 일상 속 다양한 장소에서 독서를 즐길 수 있습니다. 동시에 독서기록, 완독 인증, 도서 추천 등의 온라인 활동도 지원하여 바쁜 일상에서도 개인의 상황에 맞는 독서 참여가 가능하도록 돕고 있습니다.

넷째, 힙독클럽은 독서에 대한 동기부여와 작지만 확실한 보상을 통해 즐거운 독서 경험을 제공합니다.

활동 실적에 따라 힙독, 현무, 청룡, 백호, 주작, 해치로 등급이 올라가는 시스템과 가입 이후 받을 수 있는 다양한 혜택이 그 예시입니다. 1단계 힙독 회원이 되면 전 세계 7,000여 종 이상의 유명 신문과 잡지를 볼 수 있는 디지털 뉴스 가판대인 프레스 리더(Press Reader) 구독권부터 굿즈, 작가와의 북콘서트 초대, 도서전 할인, 독서 키트 대여 등의 자격이 주어집니다. 이는 독서를 의무나 경쟁으로 느끼는 게 아닌 독서를 일상 속 즐거운 습관으로 만들기 위한 장치입니다.

다섯째, 힙독클럽은 다양한 읽기 방식을 존중합니다. 어떤 책을, 누구와, 어디서, 또 어떤 방식으로 읽을지는 전적으로 참여자 스스로 결정합니다.

필사, 낭독, 그림 그리기, 감상 나누기 등 다양한 방식의 후속 활동을 마련해 보다 자유롭고 개방적인 독서문화 조성을 지향합니다. 심지어 책을 읽지 않거나 토론에 참여하지 않는 자유까지도 존중합니다. 힙독클럽은 독서를 자율적이고 즐거운 활동으로 재정의하기 때문입니다.

여섯째, 힙독클럽 활동이 서울지역 소상공인 서점 활성화로 이어지는 청사진을 그리고 있습니다.

클럽 활동 시 획득한 마일리지를 지역서점 페이로 전환하여 서울형 책방과 서울지역 소상공인 서점에서 사용할 수 있게끔 관련 정책을 추진 중입니다. 서울지역 소상공인 서점을 '힙독이'들이 모여서 아지트로 활용할 수 있는 방안도 고민 중입니다. 이는 작가, 출판사, 서점 및 도서관이 상호 시너지를 만들어 지식산업을 활성화하는 선순환 구조를 만들기 위한 프로그램입니다.

    야심차게 출범한 힙독클럽을 효과적으로 알리기 위해 서울야외도서관은 고유한 캐릭터도 개발했습니다. 책을 읽는 귀여운 검은 개 캐릭터 힙독이는 독(讀)의 발음이 도그(dog)와 유사한 것을 착안하여 캐릭터를 '힙한 개'로 설정하였고 텍스트의 잉크를 상징하는 검은색으로 디자인하였습니다. 힙독클럽 멤버들을 칭하는 이름이 같은 캐릭터 힙독이는 책을 읽는 힙한 반려견 친구의 모습을 담고 있어 청년층에게는 감각적인 브랜드 경험을 전달하며 관심과 참여를 끌어내고 있습니다.

    이때 함께 내세운 '책은 밥이다!'라는 슬로건은 세종대왕의 "백성은 나라의 근본이요, 밥은 백성의 하늘"이라는 말에서 영감을 받았습니다. 밥이 인간이 생존하는 데 필수인 것처럼, 책 읽기도 건강한 삶에 꼭 필요한 일이라는 의미를 담고 있습니다. 힙독클럽은 이 슬로건을 중심으로 '밥만 먹냐? 책도 읽어야지!'라는 도발적인 메시지를 담은 독서문화 캠페인을 준비하고 있습니다.

    이러한 생각은 2020년 광진정보도서관장 재직 시절, 코로나19 팬데믹으로 자가 격리자가 급증했을 당시의 경험에서 출발했습니다. 재해구호 물품에 책을 포함하자고

힙독클럽 캐릭터 '힙독이'

제안하였지만, 이때 시행되고 있던 「재해구호법」 가운데 책이 재해구호물자로 등재되어 있지 않아 뜻을 이루지 못했습니다. 대신 광진정보도서관은 자가 격리자들의 심리적 안정을 돕기 위해 사서가 특별히 선정한 책을 우편으로 장기 대출해 주는 서비스를 제공했고, 이 서비스는 뜨거운 반응을 얻었습니다. 이 사례는 곧 재난 상황에서 책이 정신적 위안이 된다는 것을 시사하기에, 앞으로 감염병뿐만 아니라 기후 위기 시대에 반복되는 재해에도 책이 재해구호물자에 포함될 수 있도록 「재해구호법」 개정을 제안하는 바입니다.

이렇듯 힙독클럽은 책 읽기가 곧 밥을 먹는 일처럼 건강한 삶에 꼭 필요한 행위라는 인식을 확산하고, 시민 모두의 독서 일상을 새롭게 디자인하고자 합니다. 현재 힙독클럽은 자율성·다양성·이동성·편안함이라는 가치를 바탕으로 누구나 함께 즐길 수 있는 사회적 독서의 장을 만들어가고 있습니다. 디지털 시대에도 여전히 텍스트는 사람을 움직이고 책은 삶을 바꾸는 힘이 있다는 믿음 아래, 힙독클럽은 계속될 것입니다.

한편 서울도서관이 힙독클럽 사업을 한창 준비하고 있을 무렵 상상하지 못했던 큰 사건이 일어났습니다. 2024년 10월 10일, 한강 작가가 노벨문학상을 수상하며 대한민국 문학사에 길이 남을 장면이 펼쳐진 것입니다. 이는 전 세계 82억 인구 중 단 6,000만 명만이 사용하는 한글로 쓰인 문학이 세계 최고 문학상을 탄, 경이로운 일이었습니다. 이

소식은 전국에 엄청난 독서 열풍을 불러일으켰고 서점에서는 한강 작가의 책이 동이 나는 상황마저 발생하였습니다.

　　서울도서관은 이 역사적인 순간에 빠르게 대응하였습니다. 노벨상 수상 발표 다음 날부터 한강 작가의 작품을 중심으로 한 특별 큐레이션을 시작한 것입니다. 해당 전시에는 『채식주의자』, 『소년이 온다』, 『검은 사슴』, 『바람이 분다, 가라』 등 주요 작품 10종이 포함되었고 한국어 원서뿐 아니라 영어, 일본어, 중국어, 아랍어, 그리스어 등 20개 언어로 번역된 다양한 버전이 함께했습니다. 이는 서울야외도서관이 평소 외국인을 위한 다언어 서비스 기반을 갖추고 있었기에 가능한 일이었습니다.

　　또한 서울도서관은 2024년 11월 20일 한강 작가의 노벨문학상 시상식에 맞춰 시민들과 함께 축하의 장을 마련했습니다. 도서관에서 책을 연체 반납한 시민들에게 대출 중단 페널티를 면제하는 이른바 '한강 노벨상 특별 사면'이라는 이벤트를 열었고, 동시에 〈세계 노벨 문학 축제〉를 개최하여 한강 작가의 수상을 함께 기념하였습니다. 조용한 도서관이 생생한 축제의 장으로 탈바꿈하는 순간이었습니다.

　　한강 작가의 노벨문학상 수상은 힙독클럽 기획에도 강력한 동력이 되었습니다. 책을 둘러싼 시민들의 열정이 다시금 폭발한 것입니다. 이러한 분위기 속에서 서울도서관은 2025년 4월 1일 오전 9시, 힙독클럽 제1기 회원 1만 명 모집을 시작하였고 단 2시간 만에 모집이 마감되는 놀라운

성과를 거두었습니다. 독서를 향한 시대의 열망 위에 출발한 힙독클럽은 이제 서울야외도서관의 새로운 상징이자 미래의 독서문화로 나아가는 전환점이 되고 있습니다.

## 서울야외도서관의 성과:
## 서울야외도서관 4년의 수상 기록

서울야외도서관은 시민들에게 새로운 독서와 문화 경험을 제공하면서 눈부신 성공을 거두었습니다. 그 성공 신화에는 뛰어난 아이디어와 실행력이 고스란히 담겨 있습니다. 2022년은 서울야외도서관이 서울시민들에게 첫선을 보인 해이자, 그 혁신성을 대내외적으로 인정받기 시작한 해였습니다. 개장과 동시에 시민들의 호응을 얻으며 서울시가 주최한 〈올해의 서울동행매력상〉에서 당당히 1위를 차지했고, 시민 삶의 질 향상에 기여한 공로를 인정받았습니다. 더불어 수많은 서울시 정책 중 서울시민들이 직접 뽑은 〈서울시민이 뽑은 10대 뉴스〉 4위에 오르는 쾌거를 이루었습니다. 또한 문화체육관광부의 〈K-컬처 관광이벤트 100선〉에 선정되면서 한국 문화를 체험할 수 있는 독특한 관광 명소로서의 잠재력을 인정받기도 했습니다.

성공적인 첫걸음 이후 맞이한 2023년은 서울야외도서관이 국내를 넘어 국제적인 무대에서 그 가치를 인정받고 운영의 깊이를 더하며, 지속가능한 성장을 위한 기반을 확고히 다진 해였습니다. 국제도서관협회연맹이 주최하는 〈녹색도서관상〉에서 3위를 수상하며 대한민국 도서관 최초로 국제상을 받은 성과는 곧 환경 문제에 대한 관심이 높아지는 시대에 도서관이 나아가야 할 방향을 제시하는 모범 사례로 자리했습니다.

끊임없이 새로운 아이디어를 발굴하고 실행하는 창의성 또한 돋보였는데, 서울시 〈제2차 우수 창의제안상〉에서 '아주 특별한 밤의 여행도서관'으로 선정되며 그 혁신성을 인정받았고, 행정안전부 주최 〈정부혁신 우수사례 경진대회〉에서 장관상이라는 영예를 안기도 했습니다. "광장문화로 완성된 책·쉼·문화가 있는 지식문화도시 서울"이라는 주제로 「지자체 합동평가 정성지표 우수사례」로 선정되는 등 공공 서비스 혁신과 효율성 증진에 기여한 공로 역시 다방면으로 인정받았습니다.

더 나아가 〈대한민국 지방자치단체 행정대상〉에서 수상한 개인 부문 최고 행정공무원상, 행정안전부 주최 〈지방공무원 정책연구 발표대회〉에서 받은 장려상은 개인의 헌신적인 노력과 뛰어난 리더십, 그리고 전문성을 보여주는 지표가 되었습니다. 특히 2023년에는 2022년에 이어 〈서울시민이 뽑은 10대 뉴스〉 1위에 선정되어 서울야외도서관이 시민들의 삶에 깊이 뿌리내린 살아있는 문화 공간임을 다시 한번 증명해냈습니다.

이러한 혁신은 2024년에도 멈추지 않고 계속되어

## 2022년~2024년 서울야외도서관의 수상기록

| 사업명 | 구분 | 주최 | 수상명 | 선정 및 순위 |
|---|---|---|---|---|
| 2022 | 서울시 | 서울특별시 | 올해의 서울 동행매력상 | 1위 |
| 2022 | 서울시 | 서울특별시 | 서울시민이 뽑은 10대 뉴스 | 4위 |
| 2022 | 국내 | 문화체육관광부 | K-컬처 관광이벤트 100선 | 선정 |
| 2023 | 국제 | 국제도서관협회연맹 | IFLA 녹색도서관상 | 3위 |
| 2023 | 서울시 | 서울특별시 | 우수 창의제안상 | 선정 |
| 2023 | 국내 | 행정안전부 | 정부혁신 우수사례 | 장관상 |
| 2023 | 국내 | 행정안전부 | 지자체 합동평가 우수사례 | 선정 |
| 2023 | 국내 | 시군구협의회 | 대한민국 행정대상 | 최고 공무원상 |
| 2023 | 국내 | 행정안전부 | 지방공무원 정책연구 발표대회 | 장려상 |
| 2023 | 서울시 | 서울특별시 | 서울시민이 뽑은 10대 뉴스 | 1위 |
| 2024 | 국제 | 국제도서관협회연맹 | IFLA 국제마케팅상 | 2위 |
| 2024 | 서울시 | 서울특별시 | 동행 매력 협업상 | 선정 |
| 2024 | 국내 | 행정안전부 | 지자체 합동평가 우수사례 | 선정 |
| 2024 | 국제 | OECD 공공혁신협의체 | OECD 정부혁신 우수사례 | 선정 |

경제협력개발기구 공공행정위원회 산하 공공혁신협의체의 정부혁신 우수사례로 선정되었습니다. 또한 국제도서관협회연맹이 주최하는 〈국제마케팅상(IFLA International Marketing Award)〉에서 2위를 차지하며 도서관 최초 국제상을 연속 2회 수상하는 기록을 세웠으며, 서울시 〈동행 매력 협업상〉에 이름을 올리며 다양한 기관과의 협력을 통해 시정 발전에 기여하고 있음을 보여주었습니다. 행정안전부 주최 「지자체 합동평가 정성지표 우수사례」로 "서울시와 함께, 어디서나 즐겁게 주경야독!"이 다시 한번 선정된 것 역시 국가 주요 시책 추진에 대한 기여와 효율적인 행정 능력을 지속적으로 증명한 계기였습니다.

    2025년 역시 서울야외도서관은 브랜드, 도시문화 등 새로운 영역에서의 서울야외도서관이 보여준 성과를 입증하기 위해 노력하고 있습니다. 서울야외도서관의 성공은 도시 공간의 재해석과 도서관의 역할 확대, 지속가능한 문화 생태계 조성의 가능성 등을 보여준 중요한 사례입니다. 지난 4년간의 성과는 서울야외도서관이 혁신적인 아이디어, 탁월한 실행력, 그리고 무엇보다 시민 중심의 가치를 바탕으로 두는 것이 얼마나 중요한지를 시사합니다. 서울야외도서관은 미래 도시가 추구해야 할 가치와 방향을 제시하며, 전 세계 도시 및 기관에도 영감을 주는 성공적인 모델로 기록될 수 있도록 더욱더 노력할 것입니다.

# 서울야외도서관 공간이 가진 이름과 의미

매해 서울야외도서관 사업이 확장됨에 따라 도서관의 개념 및 공간 역시 각각 다른 이름과 의미를 얻게 되었습니다. 앞서 언급된 서울야외도서관의 핵심 장소 〈책읽는 서울광장〉, 〈광화문 책마당〉 그리고 〈책읽는 맑은냇가〉에 대해 더 자세히 알아보겠습니다.

## 책읽는 서울광장

〈책읽는 서울광장〉은 대한민국, 서울 그리고 서울야외도서관의 중심으로, '사람이 곧 하늘(人乃天)'이라는 철학을 바탕 삼았습니다. 이때 하늘을 주제 삼아 '하늘멍'과 '책멍'을 하는 공간으로 개념화하였습니다.

서울야외도서관은 서울시청 앞 광장에서 시작되었습니다. "서울광장을 책 읽는 공간으로 조성하자"는 오세훈 시장의 제안에서 출발한 이 기획은 시민 누구나 잔디 위에 누워 하늘을 바라보며 책과 문화를 함께 누릴 수 있는, 도심 속 거실이라는 개념 아래에 운영되고 있습니다. 이는 단순한 독서 공간을 넘어 서울시와 다양한 기관이 협력하여 정책을 홍보하고 지역사회 가치를 확산하는 열린 플랫폼으로

# 와! 하늘멍, 책멍

도시의 사람들을 안아주며
즐거움과 여유로움으로 생동감을 느끼는 공간

〈책읽는 서울광장〉 브랜드 슬로건, 로고와 핵심 개념(위)
〈책읽는 서울광장〉 풍경(아래)

기능합니다. 시민 건강관리, 서울 브랜드 홍보, 환경보호 등 다양한 주제로 체험 부스를 운영하면서 지역사회와 유기적으로 연계함에 따라 도서관의 공공적 역할을 강화하고 있습니다.

    공간 디자인은 시민들의 일상 속 문화 향유를 지원하면서도 시각적 매력을 강조하여 설계되었습니다. 서울광장의 넓고 탁 트인 잔디밭과 서울도서관 본관의 고풍스러운 석조 건물이 어우러지는 가운데, 약 5,000권의 도서를 비치한 서가와 편안한 소파, 그리고 누워서 하늘을 바라보며 책을 읽을 수 있는 빈백(beanbag)을 곳곳에 배치하였습니다. 무엇보다 서울도서관은 이 공간을 누구나 사진을 찍고 공유하고 싶어지는 인스타그래머블(Instagrammable)한 도서관으로 발전시키고자 했습니다. 이를 위해 주변 환경과 조화를 이루면서도 시선을 끄는 파스텔톤 서가와 빈백처럼 해당 공간에 감각적인 색채를 활용하였습니다. 이러한 비주얼 전략은 이용자들의 자발적인 SNS 참여로 이어졌고, 서울야외도서관의 존재와 가치를 자연스럽게 확산시키는 부가적인 홍보 효과를 낳고 있습니다.

    또한 어린이 열람실이 없는 서울도서관의 공간적 한계를 보완하기 위해 야외에 어린이들이 자유롭게 활동하고 상상력을 키울 수 있는 창의 놀이터도 마련하였습니다. 덕분에 모든 세대가 함께 어우러져 독서와 문화를 즐길 수 있는 도서관 가족테마파크로 자리 잡았습니다.

이처럼 서울야외도서관은 기능성과 심미성, 공공성과 참여성을 모두 갖춘 도시형 야외도서관의 새로운 모델로 자리매김하고 있습니다. 책이 있는 풍경을 아름답고 즐겁게 경험할 수 있는 공간, 그 자체가 하나의 공공문화 콘텐츠이자 도시의 새로운 생활문화 플랫폼이 되었습니다.

## 광화문 책마당

〈광화문 책마당〉은 조선왕조 제1의 법궁이었던 경복궁과 북악산을 바탕으로 배산(背山)이라는 특징을 적용하였습니다. 이때 산을 주제 삼아 '산멍'과 '책멍'을 하는 공간으로 개념화하였습니다.

서울 한복판에 자리한 〈광화문 책마당〉은 자연과 역사, 문화가 어우러진 특별한 야외도서관입니다. 경복궁과 북악산이 병풍처럼 둘러싸인 이곳은 자연 친화적일 뿐만 아니라, 고층 빌딩의 도심 속에서 이순신 장군 동상과 세종대왕 동상이 함께 자리한 즉, 과거와 현재가 조화를 이루는 열린 공간입니다. 이처럼 광화문광장은 바쁘게 돌아가는 일상을 잠시 멈출 수 있는 도심 속 휴양지로 기능합니다. 〈광화문 책마당〉은 서울형 서점과의 협업을 통해 지역서점을 홍보하고 서울시의 정책을 시민들에게 널리 알리는 다양한 지역협력 프로그램도 함께 운영하고 있습니다. 이를 통해 지역문화와의 상호작용을 강화하고 보다 넓은 시민 참여의 장을 만들어가고 있습니다.

공간 디자인은 열린 보행광장이라는 광화문광장의 특성을 반영하였습니다. 대로 한복판에 펼쳐진 보행자 중심의 광장은 누구에게나 열려있으며, 도서관 시설은 인근 건축물과 시각적 조화를 이루도록 설계되어 도시 풍경 속에 자연스럽게 스며듭니다. 이로써 〈광화문 책마당〉은 도시의 일상과 문화가 연결되는 시민의 생활 플랫폼으로 자리 잡고 있습니다. 이용자 경험의 확장을 위해 실외뿐 아니라 실내 공간에서도 도서관 서비스를 제공합니다. 세종문화회관 1층에 마련된 세종 라운지에서는 공연·예술·독서를 조화롭게 경험할 수 있으며 지하철 광화문역과 연결된 광화문 라운지에서는 출퇴근길 시민과 관광객이 보다 쉽고 편리하게 책을 접할 수 있습니다. 실내외가 유기적으로 연결된 독서 공간이야말로 바쁜 도시인의 라이프스타일에 맞춘 유연한 서비스 모델이 될 것입니다.

무엇보다 〈광화문 책마당〉만의 독창성은 한글과 빛을 결합한 서가 디자인에서 두드러집니다. 〈광화문 책마당〉은 세종대왕 동상이 있는 곳인 만큼 서가의 구조에 한글 자음과 모음 형태를 반영하여 설계하였고, 광화(光化)라는 그 이름처럼 빛을 디자인적 요소로 채택하였습니다. 왕정에서 광화는 임금의 밝은 덕으로 백성을 교화한다는 뜻이었지만, 민주공화국 시대의 〈광화문 책마당〉에서는 빛을 통해 진리와 상식을 나누고 서로를 교화한다는, 이른바 열린 지식 공간의

# 와! 산멍, 책멍

서울야외도서관
광화문 책마당

이전의 나를 잠시 멈추고 새로운 나를 만나는
도심 속 휴양지, 광화문 책마당

〈광화문 책마당〉 브랜드 슬로건, 로고와 핵심 개념(위)
〈광화문 책마당〉 풍경(아래)

의미를 담고 있습니다. 이러한 디자인은 야간 운영을 염두에
둔 조명 계획과도 연계되어 도시의 밤을 밝히는 문화의
등불이라는 의의 역시 가집니다.

## 책읽는 맑은냇가

〈책읽는 맑은냇가〉는 조선왕조의 법궁이었던 경복궁
앞을 흐르는 청계천을 바탕으로 임수(臨水)라는 특징을
적용하였습니다. 이때 도심 속 흐르는 물을 주제 삼아 '물멍'과
'책멍'을 하는 공간으로 개념화하였습니다.

〈책읽는 맑은냇가〉는 청계천의 맑은 물소리와 여유를
그대로 품은 도심 속 힐링 독서 공간입니다. 〈책읽는
서울광장〉이나 〈광화문 책마당〉에서 다양한 프로그램이
함께하는 것과 달리 이곳은 보다 조용하고 사색적인 환경을
지향합니다. 이에 〈책읽는 맑은냇가〉에서는 자연의 감각을
온전히 느끼며 책을 읽는 특별한 경험을 누릴 수 있습니다.
자연 속 집중 독서라는 콘셉트를 살리기 위해 인공적 요소는
최소한으로 구성하였습니다.

청계천의 물길을 따라 조성된 이 공간은 자연과 책의 가장
평화로운 조우를 제안합니다. 책을 담는 '책봐!구니', 전통적인
개다리소반, 그리고 등받이가 있는 좌석 등을 자연스럽게
배치해서 흐르는 물속에 발을 담그고 책을 읽을 수 있도록
하였습니다. 안내판과 구조물도 최소화하고 백색소음과

# 와! 물멍, 책멍

## 서울야외도서관
### 책읽는 맑은냇가

나만의 이야기가 오롯이 채워지는
책읽는 맑은냇가입니다

〈책읽는 맑은냇가〉 브랜드 슬로건, 로고와 핵심 개념(위)
〈책읽는 맑은냇가〉 풍경(아래)

자연을 해치지 않는 수준의 음악만을 배경으로 깔아 디자인 미니멀리즘을 구현하였습니다. 도심에서 쉽사리 해결되지 않는 스트레스를 잠시 내려놓고 오직 자연과 책에 집중할 수 있도록 설계된 것입니다.

최근 외국인들의 관광명소로 자리매김하면서 외국인 전용 서가를 따로 마련하였고, 청계천이라는 공간이 지닌 역사성과 생태적 가치를 되살리기 위해 환경·역사·생태 분야의 큐레이션 도서들을 제공하며 청계천의 이야기를 담은 프로그램도 운영하고 있습니다. 힐링 공간은 그렇게 생태문화와 연계된 배움의 장소로도 거듭납니다.

밤이 되면 〈책읽는 맑은냇가〉는 또 하나의 감성을 선사합니다. 흐르는 냇물 위로 다양한 램프와 조명이 떠다니며 환상적인 야경을 연출하기 때문입니다. 이처럼 어지러운 도심에 숨겨진 비밀의 쉼터처럼 낮과 밤의 매력을 모두 담은 공간으로 운영되고 있습니다.

# 지속가능성을 위한 제도적 고민

　서울야외도서관은 여러 단계를 거쳐 진화해왔습니다. 그러나 앞으로도 성공적인 서비스를 지속적으로 제공하기 위해서는 서울도서관 내부의 역량 강화와 체계적인 관리가 필수입니다. 이를 위해 서울도서관은 야외도서관 서비스의 지속가능성과 진화를 목표로 다음과 같은 전략을 추진하고 있습니다.

첫 번째로 서울야외도서관의 가치를 조직 내에서 명확히 정립하고 공유하는 것입니다.

　저는 서울도서관의 리더로서, 리더십을 조직의 목표 달성을 위한 리더와 구성원 간의 끊임없는 대화로 정의한 가운데, "진정한 리더는 일하는 방법뿐 아니라 그 일의 의미와 가치를 가르치는 사람이어야 한다"는 믿음을 실천하려고 합니다.
　그런 의미에서 공공도서관이 지닌 가치와 서울야외도서관이 담대하게 시도하는 혁신을 조직 구성원 모두가 공감하도록 하는 것이 가장 중요할 것입니다. 즉 제공하는 서비스의 근본을 이해하고 내재화하는 것을 목표로 삼습니다. 가치를 조직 내에 공유하면 구성원 모두가 스스로 창의적이고 주도적으로 일할 수 있습니다. '왜 이 일을 하는지, 목표가 무엇인지'에 대한 명확한 인식이 있으면 각자가 자기 위치에서 능동적으로 움직입니다. 반대로 가치가 내재화되지 않은 조직은 작은 일도 윗사람에게 일일이 보고하고 지침을 기다리기 일쑤이기 때문에 그런 환경에선 주도성과 창의성이 발휘되기 어렵습니다.

이 가치 정립과 공유는 단지 서울야외도서관 서비스를 기획·운영하는 서울도서관 직원뿐 아니라 현장에서 직접 서비스를 제공하는 스태프들에게도 반드시 필요합니다. 우리는 스태프들이 단순한 아르바이트가 아닌 사회 공공재로서 도서관 업무에 의미와 가치를 느끼고, 나아가 최고로 '힙한 아르바이트'라는 자부심을 느끼도록 돕고자 합니다.

저는 서비스 제공 조직이 서비스에 대한 가치를 진심으로 받아들일 때 그 서비스가 이용자에게 더 잘 전달될 수 있다고 믿습니다. 결국 서비스의 지속가능성은 이용자의 지지와 응원에 기반하기 때문입니다.

두 번째는 열린 마음과 협업 능력을 추구하는 것입니다.

서울야외도서관에서 제공하는 다양한 서비스는 서울도서관 단독의 역량만으로는 구현하기 어렵기 때문에 협업이 필수적입니다. 사서가 서비스를 기본적으로 설계하더라도, 서비스가 성공적으로 자리 잡고 지속되려면 초기 단계부터 서울시 내 다양한 부서와 긴밀히 협력하고 외부 전문가들과도 적극적으로 소통해야 합니다. 그래야만 이용자에게 지속가능한 양질의 서비스를 제공할 수 있습니다.

'빨리 가려면 혼자 가고, 멀리 가려면 함께 가라'는 격언처럼 이제는 대출 데스크에서 열람과 참고 봉사만 담당하는 전통적인 사서 역할로는 도서관의 미래를 보장할 수 없습니다. 도서관 스태프로서 다양한 프로그램을 운영하고 관련 부서 및 외부 전문가들과 협업하며, 홍보를 담당하는 직원은 언론과도 적극적으로 소통하는 등 다각적인 역할을 수행해야 합니다. 이러한 열린 마음과 소통 능력을 갖추는 것이야말로 사서나 도서관 스태프로서 미래를 준비하는 길입니다.

다만 공공도서관이라는 정체성과 맞지 않는 협업은 배제해야 할 것입니다. 모든 사람과 협력한다는 열린 마음을 유지하되, 그 마음이 공공재로서의 도서관이 지닌 핵심 가치를 훼손하지 않도록 경계선을 분명히 지키고자 합니다.

세 번째는 창조성, 즉 창의성을 어떻게 확보할 것인지 고민하는 것입니다.

서울야외도서관은 전 세계 어디에도 벤치마킹할 사례가 없는 최초의 혁신적 서비스로, 무엇보다 다양성에 기반한 시스템으로서의 창조성(creativity as a system)을 추구해야 합니다. 이는 앞서 언급한 다양한 전문가와의 협업 전략의 연장선상이며, 이때 "창조성은 개인의 능력에 국한된 것이 아니라, 시스템의 문제"라는 말이 그 토대가 될 것입니다. 즉 창조성을 키우고 지속하려면 다양성 자체를 조직 내외부에 체계적으로 시스템화해야 합니다.

물론 협업이 일방적인 희생을 요구해서는 안 됩니다. 서울도서관은 협력하는 서울시 부서에 어떤 도움을 줄 수 있을지 깊이 고민하고 있습니다. 기본적으로 각 부서에서 필요로 하는 전문 정보와 자료를 정기적으로 제공하고 있으나 생성형 인공지능의 보편화로 인해 전통적 정보 제공 방식은 점차 그 영향력이 약화되고 있습니다. 그 대신 서울도서관이 커뮤니티 플랫폼으로 자리매김하면서 협업 부서의 정책 홍보 및 체험 기회를 함께 제공하여 시너지를 창출하는 데 주력하고 있습니다. 또한 서울시 외부의 다양한 전문가들과도 협업을 강화하며 다양성을 확보하려 노력하고 있습니다. 급변하는 환경 속에서 창조성을 꾸준히 확보할 수 있는 시스템 구축은 서울야외도서관 서비스를 지속가능하게 만드는 중요한 전략임을 저는 확신합니다.

마지막으로 서비스에 대한 헌신과 열정을 갖는 것입니다.

    서울야외도서관은 여러 차례 언급했듯 세계 최초의 혁신적인 사례인 만큼 아직 현장 중심의 데이터 수집과 신속한 의사결정이 필수인 단계에 있습니다. 예컨대 프로그램의 수요와 이용자 반응을 면밀하게 반영하는 평가와 피드백 과정이 계속되어야 하며 이를 위해 현장에서의 지속적인 확인과 기획 회의가 필요합니다. 또한 구체적인 현장 경험과 추상적인 서비스 개념화 사이를 오가며 그 가치를 끊임없이 다듬어야 합니다.

    이 같은 과정을 위해 각 현장의 리더들이 직접 현장에 상주하며 문제를 즉시 발견하고 개선할 수 있도록 '토요타식 현장 개선 문화'를 도입하고 있습니다. 현장에서의 세심한 관심과 관찰을 바탕으로 수시로 사무실과 현장을 오가며 문제를 논의하고 필요한 경우 실시간 온라인 자문 시스템을 통해 전문가의 도움도 받고 있습니다.

    훌륭한 기획과 설계가 있더라도 리더와 현장 서비스 제공자들의 헌신과 열정 없이는 좋은 서비스를 지속할 수 없습니다. 헌신성과 열정은 우수한 서비스를 위한 가장 기본적이고도 필수적인 조건입니다. 나아가 서울도서관의 리더로서 저 역시 이런 끝없는 점검과 개선 과정을 항상 솔선수범하려 노력하고 있습니다. 조직 구성원 모두의 헌신과 열정을 끌어내는 데엔 리더의 움직임이 함께해야 하기 때문입니다.

아무리 많은 자원이 투입된다고 해도 '서비스 가치의 정립과 조직 내 공유 및 내재화', '열린 마음과 협업 능력', '다양한 전문성을 기반으로 한 시스템으로서의 창조성 확보' 그리고 '리더와 스태프의 헌신과 열정'이 없으면 서울야외도서관의 지속가능한 서비스는 불가능합니다. 서울도서관은 이러한 역량들을 조속히 내부화하여야만 앞으로도 독서문화 혁신을 이끌어갈 수 있을 것입니다.

# 다 풀어놓지 못한 주제들

## 공공특화도서관

① 공공특화도서관의 필요성

　서울시는 현재 6개의 새로운 서울도서관 분관에 대한 개관 계획을 세우고 있습니다. 도서관이 더 많이 생긴다는 점에서 이는 매우 반가운 일입니다. 하지만 새로운 분관들의 방향성 및 역할에 대해선 서울시 담당 부서와 함께 고민하고 있습니다. 즉 기존의 기초자치단체 공공도서관들과 차별성을 둘 것인지, 아니면 단순히 지역 도서관의 역할을 이어받는 식으로 정립할지에 대한 문제입니다.

　이런 논의를 지켜보며 서울도서관장 이전에 한 명의 공공도서관 사서로서 하던 고민 하나가 떠올랐습니다. 이는 도서관 이용자의 점점 더 전문화되고 다양화되는 수요를 도서관이 어떻게 맞춰갈 것인지에 대한 고민이었습니다. 개인의 경험을 떠올려보면, 2013년 광진정보도서관 관장으로 근무할 당시 광진정보도서관은 전국 최초로 무한상상 시범 운영 기관으로 선정되어 메이커 스페이스를 설치 및 운영했습니다. 도서관이 학교 밖

STEM — 과학(Science), 기술(Technology), 공학(Engineering), 수학(Mathematics) 줄임말 — 교육의 장이 된 것입니다. 이론 및 정보 공유의 장을 넘어 무언가를 직접 손으로 만들어보는 도서관(hands-on library)으로 거듭난 이곳에선 웹툰 창작, 영화 제작, 3D 프린팅, 드론, 사물인터넷, 아두이노와 오토마타 등 여러 기술들을 실제로 체험할 수 있었는데 놀랍게도 초등학생부터 청장년층까지 다양한 연령대가 깊은 관심을 보였습니다.

이러한 경험은 도서관이 전문적인 관심사와 열정을 가진 사람들이 함께 모여 배우고 교류하는 공간으로도 확장될 수 있겠다는 생각의 씨앗을 심어주었습니다. 어떤 분야에 깊은 흥미와 열정을 가진 사람들, 이른바 '덕후'들이 즐겁게 몰입할 수 있는 도서관이 있다면 어떨까 하는 상상이었습니다. 예를 들어 드론, 인공지능, 웹툰, 자전거, 한복처럼 우리가 일상생활과 산업에서 마주하게 되는 다양한 주제를 중심으로 운영되는 전문적이면서도 열린 도서관 말입니다.

이러한 도서관은 취미나 여가를 위한 공간에서 한발 더 나아가, 미래 산업과 문화에 영향을 미칠 수 있는 창의적이고 실용적인 플랫폼으로 성장할 가능성이 있습니다. 미국의 IT 벤처기업이 창고에서 다양한 부품을 가지고 도전한 끝에 눈부신 성장을 이뤘듯이, 도서관 역시 다양한 주제에 대하여 함께 공부하고 체험하고 교류하는 공간으로 거듭나야 합니다. 이에 이러한 도서관을 공공특화도서관이라고 부르고자 합니다.

    공공특화도서관은 기존의 전문도서관처럼 특정 정보만을 제공하는 닫힌 공간이 아니라 누구나 이용할 수 있는 열린 공공도서관입니다. 게다가 실제로 무언가를 만들고 체험하며 서로 교류할 수 있는 활동 중심의 도서관으로서 차별점을 갖습니다. 이러한 도서관을 꼭 광역자치단체가 운영해야 하는 것은 아닙니다. 규모가 크다면 광역단체가, 소규모 형태라면 기초자치단체도 충분히 운영할 수 있으며 지역 산업과의 연계가 가능할 경우 더욱 의미 있는 시너지를 기대할 수 있습니다.

② 특화도서관의 현주소

    오늘날의 도서관은 단순한 정보 제공 기능만으로는 살아남기 어렵습니다. 이제는 평생교육과 문화센터를 넘어서 지역 공동체의 공공 자산이자 소통과 체험의 장, 즉 커뮤니티 플랫폼으로 발전해야 합니다. 공공특화도서관은 바로 이런 변화를 끌어낼 수 있는 하나의 모델이 될 것입니다.

    실제로 전 세계에는 다양한 분야에 특화된 도서관들이 이미 운영되고 있습니다. 이탈리아 볼로냐에는 요리와 음식에 특화된 비블리오테카 데이아 쿠치나(Biblioteca della Cucina), 뉴욕 메트로폴리탄 미술관에는 의상·디자인 분야를 중점으로 둔 아이린 루위손 의상참고도서관(Irene Lewisohn

Costume Reference Library)이 있습니다. 영국 런던에는 건축을 전문으로 한 왕립건축가협회 도서관(Royal Institute of British Architects Library)이 있고, 미국 오하이오 주립대학교에는 만화와 그래픽노블 중심의 빌리 아일랜드 만화 도서관(Billy Ireland Cartoon Library & Museum)이 운영되고 있습니다.

대한민국에서도 특화도서관은 점차 확대되고 있습니다. 경기도 의정부시는 음악과 미술에 특화된 의정부음악도서관과 의정부미술도서관을 운영하고 있고, 경기도 오산의 소리울도서관은 악기를, 순천만 생태문화교육원은 생태환경 분야를 주제로 한 특화도서관을 운영 중입니다. 하지만 대부분 정보 열람 중심에 그치고 있어 체험과 참여 중심의 열린 도서관으로 진화할 필요가 있습니다.

예를 들어 음악도서관이 랩(Rap)에 관심 있는 사람들이 함께 모여 공부하고 체험하고 교류하는 도서관이 되면 좋겠습니다. 나아가 전 세계 케이팝 팬들을 위한 특화도서관이 있다면 어떨까요? 케이팝 역사와 자료를 연구할 뿐만 아니라 따로 마련된 연습실에서 첨단 홀로그램 기술로 구현된 케이팝 스타들의 콘서트를 보고 춤을 배워보는 겁니다. 아이돌처럼 화려하게 꾸민 채 나만의 영상까지 만들 수 있는 도서관! 케이팝에 특화된 도서관은 해외의 박물관이나 미술관처럼 한국을 대표하는 관광자원이 되어 국가 관광산업을 이끄는 핵심 시설로 자리매김할 수 있을 것입니다.

한편 특정 세대를 위한 커뮤니티 플랫폼으로 기능하는

도서관 역시 있습니다. 도서문화재단씨앗은 10대 청소년을 대상으로 성남시에 소재한 라이브러리 티티섬을 운영하고 있습니다. 청소년들은 자신의 관심 및 취향을 탐색하고 삶의 방향을 잡아가는 중요한 시기에 놓여 있지만, 이들을 위해 마련된 사회적 공간은 거의 없습니다. 이에 라이브러리 티티섬은 청소년들이 자신이 원하는 때에 방문하여 자신이 하고 싶은 걸 직접 선택할 수 있는, 심리적으로 안전하고 자유로운 공간으로 운영되고 있습니다.

이러한 특화도서관은 꼭 첨단기술만을 중심으로 운영될 필요가 없습니다. 오히려 우리 일상과 맞닿아 있고 적은 자원으로도 지속가능한 적정기술 기반의 체험 공간이 될 수도 있습니다. 적정기술은 환경에 부담을 주지 않고 쉽게 유지 및 보수할 수 있기에 지역의 문화나 생태와도 잘 어울립니다. 물론 공공특화도서관은 기술뿐만 아니라 문화, 전통 등 모든 분야를 대상으로 할 수 있습니다. 따라서 공공특화도서관은 기술과 문화를 넘나드는 지속가능한 창의 놀이터로서의 역할을 할 것입니다.

③ 미래를 품고 있는 도서관

마지막으로 꼭 소개하고 싶은 특별한 도서관이 있습니다. 바로 노르웨이 오슬로 시립 다이크만도서관(Deichman Library)의 미래도서관(Future Library)입니다. 이 도서관은 단순한 공간 개념을 넘어 문학과 환경, 시간과 세대를 아우르는 철학적 프로젝트로 전 세계의 주목을 받고 있습니다. 미래도서관은 2014년 스코틀랜드 출신의 시각 예술가 케이티 패터슨(Katie Paterson)이 기획한 장기 문화 프로젝트입니다. 당시 케이티 패터슨은 노르웨이 오슬로 북부 노르마르카숲(Nordmarka Forest)에 1,000그루의 가문비나무를 심었습니다. 이 나무들은 그로부터 100년 뒤인 2114년에 작가들이 매년 기증했던 원고를 인쇄할 종이를 만드는 데 사용될 예정입니다. 이를 위해 100년 동안 매년 다른 작가 한 명이 원고를 작성해 도서관에 기증하는 것이 이 프로젝트의 핵심입니다.

이 프로젝트는 종이책을 보관하거나 출판하는 것에서 더 나아가 미래 세대를 위한 현재의 약속이라는 상징적인 의미를 담고 있습니다. 매년 선정된 작가가 자신만의 언어로 써 내려간, 미래를 위한 원고는 다이크만도서관 5층에 있는 침묵의 방(The Silent Room)에 보관됩니다. 이 공간은 2014년에 벌목한 나무들 즉, 물결 모양의 목재 100겹으로 지어졌고 각각의 목재는 해당 연도의 원고를 보관하는 유리 서랍을 품고 있습니다. 이 방은 2022년부터 일반 대중에게 개방되어 누구든지 신발을 벗고 조용히 들어가 프로젝트의 의미를 느낄 수 있도록 구성되어 있습니다.

대한민국에서는 소설가 한강이 2018년에 아시아인 최초로 미래도서관 프로젝트 올해의 작가로 선정되었습니다.

노르마르카숲의 미래도서관 표지판(위)
다이크만도서관 내부의 미래도서관 공간(아래)

한강 작가는 다음 해인 2019년 5월 노르마르카숲에서 열린 원고 인계식에 참석하여 「사랑하는 나의 아들(Dear Son, My Beloved)」이라는 제목의 원고를 미래도서관에 기증했습니다. 이 원고의 구체적인 내용은 아직 세상에 공개되지 않았고 앞으로도 2114년까지 아무도 읽을 수 없습니다. 당시 한강 작가는 기다랗고 흰 천을 끌고 미래도서관 숲을 천천히 걸으며 자연과 고요 속에서 미래의 독자에게 보내는 글을 전했습니다. 그녀는 이 프로젝트에 대해 "지금 이 순간을 사는 우리가 100년 후의 존재들과 이야기하고 있다는 상상을 했고 그것은 내게 큰 위안이었다"고 밝히기도 했습니다.

그렇게 미래도서관은 단순한 보존이나 기록의 공간 개념을 넘어 시간을 초월한 상상력의 공간으로 자리합니다. 환경과 문학, 기술과 철학이 결합된 혁신적 시도는 곧 도서관이 미래 세대와 대화하고 시공간을 연결하는 플랫폼이 될 수 있다는 가능성을 제시하고 있습니다.

공공특화도서관도 이처럼 콘텐츠, 공간, 인력의 구성까지 전문성과 유연성을 갖춘 방식으로 기획·운영되어야 합니다. 어떤 주제는 오랫동안 유지될 수도 있고 어떤 주제는 팝업 형태로 일정 기간만 운영될 수도 있습니다. 중요한 건 도서관이 변화를 두려워하지 않고 시민의 관심과 열정을 모아가는 공간으로 거듭나야 한다는 것입니다.

# 도서관 산업 개념의 도입

① 도서관이 갖는 사회적 가치 분석

이제 대한민국의 도서관은 양적인 측면은 물론 질적으로도 상당한 성장을 이뤄냈습니다. 특히 공공도서관의 경우 세계 어느 나라와 비교해도 손색이 없을 만큼 발전했습니다. 이러한 성과를 바탕으로 이제는 'K-Library'라는 새로운 산업 개념을 도입하여 해외시장에 진출하고 도서관 인프라가 부족한 국가들을 지원할 필요성도 제기되고 있습니다.

산업분석, 그중에서도 특히 공공서비스를 다루는 산업을 분석할 때면 해당 산업이 우리 사회에 어떤 가치를 제공하는가를 먼저 정의하는 것이 매우 중요합니다. 이러한 관점을 도서관 산업에 적용한다면 도서관 산업이 제공하는 가치에 대한 논의가 필수적입니다. 이때 그 가치는 상품이나 서비스를 통해 구체화됩니다. 실제로 도서관은 다양한 유형의 정보를 기반으로 한 서비스뿐 아니라, 학습, 문화, 기술, 공동체 기능까지 아우르며 다층적인 가치를 창출하고 있습니다. 다음은 도서관이 제공하고 있는 서비스들입니다.

**도서관이 제공하는 서비스**
- 정보 접근성: 인쇄 도서, 전자책, 저널, 데이터베이스, 멀티미디어,

오픈 액세스 자료 등 다양한 매체를 통해 시민에게 폭넓은 정보 제공
- 문해력 및 학습 지원: 유아 문해력 프로그램, 성인 대상 교육, 디지털 및 정보 문해력 향상 교육 등 다양한 교육 프로그램을 통해 시민의 학습 능력 향상
- 연구 지원: 참고 서비스, 상호 대차, 연구 상담, 데이터 관리 등을 통해 학술 및 전문 연구 인프라 제공
- 커뮤니티 참여 지원: 회의 공간, 문화 행사, 워크숍, 메이커스페이스, 지역 기록 보존 공간, 사회 서비스 연계 등을 통해 지역 커뮤니티의 소통과 협력 촉진
- 기술 및 인프라 제공: 공용 컴퓨터, 무료 Wi-Fi, 디지털 보존 기술, 특수 소프트웨어 등의 제공을 통해 디지털 격차 해소에 기여
- 문화 보존: 고유 컬렉션 보관, 역사자료 디지털화, 지역 문화유산 큐레이팅 등을 통해 공동체의 기억과 문화 보존

도서관은 이러한 서비스를 제공하며 정보센터, 문화센터, 평생교육센터, 커뮤니티센터라는 네 가지 핵심 가치를 실현하고 있습니다. 따라서 도서관 산업이 지속적으로 발전하기 위해서는 이러한 가치를 어떻게 구체화하고 추구할 것인가에 대한 고민이 핵심입니다. 또한 도서관은 이러한 서비스를 통해 다음과 같은 영향을 미치고 있습니다.

### 도서관 제공 서비스의 영향
- 경제적 영향: 일자리 창출 효과, 출판·콘텐츠·정보기술 산업과의 연계 강화, 지역 경제 활성화, 고가 정보 자원의 무료 제공을 통한

정보 접근 형평성 제고
- 사회적 영향: 디지털 격차 해소, 평생학습 기회 제공, 시민 참여 기반 조성, 문화 정체성 보존
- 교육적 영향: 유아교육부터 고등교육까지의 학습 지원, 평생학습 기반 제공, 학교 교육과의 연계 강화
- 연구 지원: 학술 및 과학 연구를 위한 기초 자료 제공, 연구 확장성 및 심화 가능성 확보

이러한 가치 실현을 위해 도서관 산업은 하나의 자생적인 생태계를 형성하고 있습니다. 이 생태계는 다양한 구성원과 이해관계자들로 이루어져 있으며 이들은 상호 협력으로 계속해서 발전하고 있습니다. 도서관 산업 생태계의 주요 구성 요소는 다음과 같습니다.

- 도서관: 설립·운영 주체에 따라 국립·공립·사립 도서관, 유형에 따라 공공·대학·학교·전문·특수 도서관으로 분류
- 전문 인력: 사서, 정보 전문가 등
- 산업 파트너: 출판사, 콘텐츠 수집업체, 소프트웨어 제공업체, 장비·가구 제조업체, 데이터베이스 공급업체, 프로그램 진행 지원 업체 등
- 정책 주체: 중앙정부, 지방자치단체 등 예산 및 정책 결정 기관
- 대학교, 교수 및 학생: 도서관 자원인 사서를 양성하는 문헌정보학 커리큘럼을 제공하는 대학교와 교수 그리고 잠재적 사서 자격증 보유자인 문헌정보학과 학생들

- 협회·사서단체·학회 및 연구자:
  한국도서관협회·공공도서관협의회 등과 같은 도서관협회,
  서울사서협의회·경기도사서협의회 등의 지역 사서 단체, 노조,
  문헌정보학 관련 학회 및 연구자
- 이용자: 도서관 생태계의 중심으로, 서비스 개선 및 진화를 이끄는 핵심 주체

이처럼 도서관은 단일 기관이 아닌 이해관계자들의 협력으로 구성된 사회적 기반 시설이며, 그만큼 다양한 주체들이 유기적으로 얽힌 생태계입니다. 이보다 더 넓은 지식산업의 범주로 보면 도서관은 콘텐츠를 생성하는 작가, 매체를 제작하는 출판사와 유통하는 서점과도 관계를 맺고 있습니다. 이는 곧 도서관 산업 생태계가 출판·독서·교육·문화 등 인접 생태계와도 깊이 연결되어 있다는 것을 시사합니다. 예를 들어 출판 산업은 도서관에 콘텐츠를 공급하고, 도서관의 독서 프로그램이나 큐레이션 활동을 통해 책의 가치를 확산시키는 역할을 함께 수행하는 중요한 파트너입니다. 이에 도서관 산업이 활성화되려면 인접 산업과의 협업 또한 반드시 병행되어야 합니다.

도서관은 단지 책을 소장하는 공간이 아닙니다. 도서관 산업은 이제 정보와 문화, 기술과 교육이 어우러지는 융합 산업으로 시민의 삶을 풍요롭게 하고 사회를 건강하게 순환시키는 데 기여하고 있습니다. 지금이야말로 대한민국이 도서관을 통해 K-Library라는 새로운 공공 혁신 모델을

세계에 제시하고 도서관이 만들어낼 수 있는 사회적 가치와 산업적 가능성을 넓혀나가야 할 시점입니다.

② 도서관 산업 규모 파악

산업분석에 있어 중요한 또 다른 요소는 산업 규모입니다. 도서관 산업 역시 그 자체로 적지 않은 시장 규모를 형성하고 있으며 1차적 산업 통계뿐 아니라 공공적 가치 측면에서도 주목할 필요가 있습니다.

2024년 기준 대한민국에는 국립도서관 4개, 공공도서관 1,296개, 학교도서관 1만 1,842개, 대학도서관 456개, 전문도서관 495개, 장애인도서관 31개, 교정시설도서관 54개 그리고 작은도서관 6,875개 등 총 2만 개가 넘는 도서관이 운영되고 있습니다. 이용 및 서비스 지표 측면에서도 공공도서관만 보더라도 연간 이용자 수가 약 2억 2,000만 명에 달하며 전 유형의 도서관을 포함하면 연간 3억 명에 이르는 사람들이 도서관을 이용하고 있는 것을 알 수 있습니다. 전체 장서 수는 약 1억 2,438만 권이며 국민 1인당 인쇄 자료 장서 수는 2.41권, 전체 연간 대출 도서는 1억 4,674권에 이릅니다.

도서관은 다양한 공공재 중에서도 주말을 포함한 연중무휴 서비스가 가능한 유일한 공공 인프라로, 시민 일상과 가장 밀접하게 연결된 생활 기반형 문화서비스

기관이기도 합니다. 특히 시민 누구나 도보 15분 이내에 생활 서비스를 이용할 수 있도록 설계된 15분 도시 개념에서도 도서관은 핵심 기반 시설로 간주됩니다. 이는 곧 도서관이 의식주와 같은 기본적인 서비스와 직결된 공공 산업으로 기능하고 있음을 의미합니다.

한편 대한민국 도서관 산업은 대부분 공공 예산에 기반하여 운영되는 가운데, 보통 해당 예산 규모를 통해 산업의 크기를 추산하고 있습니다. 그러나 도서관 예산은 중앙정부, 지방정부, 교육청 등 다양한 기관에 분산되어 있어 정확한 총계를 파악하기 어렵다는 한계도 존재합니다. 따라서 국가도서관 통계를 기반으로 추산한 2024년 기준 관종별 도서관 예산은 다음과 같습니다.

**2024년 관종별 도서관 주요 예산**

| 구분 | 세부 내용 | 예산 규모 |
| --- | --- | --- |
| 국립도서관 | 인건비 + 자료구입비 + 운영비 | 2천 135억 원 |
| 공공도서관 | 인건비 + 자료구입비 + 운영비 | 1조 4천 507억 원 |
| 작은도서관 | 인건비 + 자료구입비 + 운영비 | 1천 48억 원 |
| 학교도서관 | 자료구입비 + 운영비 | 5천 342억 원 |
| 대학도서관 | 자료구입비 | 2천 708억 원 |
| **예산 합계** | | 2조 5천 740억 원 |

2024년 기준 직접적 도서관 산업 규모만으로도 최소 약 2조 5천 740억 원에 이릅니다. 명시적으로 드러나지 않은 교육자료 구입비, 시설투자비, 독서문화행사 예산 등을 포함하면 실제 도서관 산업 규모는 이보다 훨씬 더 큽니다. 예산 기반 분석 외에도 도서관 산업은 다양한 방식으로 그 경제적 가치를 확장하여 평가할 수 있습니다. 대표적인 분석 방식은 다음과 같습니다.

- 비용-편익 분석(CBA) : 공공서비스 제공에 드는 비용과 발생하는 편익을 화폐가치로 환산하여 비교
- 비용-효과 분석(CEA) : 동일한 비용 대비 얼마나 효과를 거두었는지를 비교
- 조건부 가치평가법(CV) : 시민이 도서관 서비스에 대해 지불할 의사금액(WTP)이나 서비스 중단 시 보상받을 의사(WTA)를 통해 비시장재 가치를 산출
- 투자수익률(ROI) : 투입된 비용 대비 도서관이 창출하는 경제적·사회적 효과 측정
- 산업연관분석(I-O Analysis) : 도서관 산업이 민간 경제 및 지역사회에 미치는 간접효과까지 포함하여 파급효과 측정

이러한 다양한 분석 도구를 활용하면 도서관의 가치는 단순히 예산 규모에 따라 측정되는 게 아닌 공공의 삶의 질 향상, 평생학습 인프라 제공, 지역 균형발전, 정보격차 해소 등 다차원적으로 확장됩니다. 실제로 미국, 영국, 호주

등 여러 선진국에서는 공공도서관의 투자수익률(ROI)이
1:3~1:6 수준으로 평가된 바 있으며 국내에서도 2009년
22개 도서관, 총 1,220명의 이용자로부터 데이터를 수집하여
문화체육관광부가 수행한 『공공도서관의 경제적 가치
측정 연구』에 의하면 국내 공공도서관의 ROI는 3.66으로
나타났습니다.

### ③ 도서관 산업이 마주한 과제

　도서관이 산업적 관점에서 가장 먼저 명확히 설정해야
할 과제 중 하나는 출판 산업과의 관계 정립입니다. 특히
도서관과 출판사는 구매자와 공급자의 관계를 넘어서
지식산업 생태계를 공동으로 구성하는 파트너여야 합니다.
과거 도서관은 책을 구매하는 주요 시장으로 인식되었고
그에 따라 도서관의 확장은 출판시장에 긍정적인 파급효과를
가져올 것으로 기대되었습니다. 그러나 최근 이러한 구조는
복잡하고 미묘한 긴장 관계로 전환되고 있습니다.
　우선 공공도서관의 자료 구입비가 감소한 건 물론
상호대차나 공동보존서고 등과 같은 자료 순환 시스템이
활성화되면서 도서관의 구매력이 약화하고 있습니다.
또한 전자책 시장이 기업 간 거래, 즉 B2B로 확대되면서
공공도서관에서도 직접 전자책을 소장해 대출하는 서비스가
생겨났고 이 과정에서 저작권자와 갈등도 생겼습니다.

이런 도서관 내 시스템 및 서비스 변화에 따라 출판계는 도서정가제의 도서관 적용 확대, 공공대출권(PLR: Public Lending Rights) 도입 주장 그리고 전자책 관련 저작권 소송 등 점점 도서관의 공공성에 도전하는 입장을 강하게 드러내고 있습니다. 이때 공공대출권이란 도서관 자료를 공중에게 대출할 경우 이용된 분량만큼 저작자 및 출판사가 판매 기회를 잃게 되므로 그에 따른 보상이 필요하다는 게 주 골자입니다.

그렇기에 도서관이 지식산업 생태계에서 단순한 소비자로만 인식되는 것은 매우 위험한 일입니다. 도서관도 출판계로부터 신뢰받는 파트너가 되기 위해서는 단순히 할인된 가격으로 책을 확보하려는 소비자 중심의 태도를 넘어서야 합니다. 오히려 도서관은 비(非)독자를 독자로 전환시키는 핵심 플랫폼으로서 지식 콘텐츠의 수요 기반을 확대하는 전략적 기관이라는 인식을 공유하고 협업하여야 합니다. 즉 도서관은 새로운 콘텐츠에 대한 수요를 창출하는 기관으로 거듭나야 합니다. 이러한 관점에서 볼 때 출판사와 서점 그리고 도서관은 각각 콘텐츠의 생산, 유통과 소비를 담당하며 유기적으로 연결된 하나의 순환 구조 속에서 협력해야 할 파트너입니다. 이 관계는 서로의 이익을 뺏는 제로섬 게임이 아니라 함께 성장하는 윈윈(win-win) 구조여야 하며, 궁극적으로는 공진화하는 관계로 나아가야 합니다.

이제는 도서관 자체에 대한 산업적 접근 또한 본격화할

때입니다. 체계적인 도서관 산업 연구를 활성화해야
하며 정기적인 학술대회, 산업 전시회, 정책 포럼을 통해
도서관·출판사·서점·작가·플랫폼 사업자 등 지식산업
이해관계자 간의 상호 교류와 혁신을 촉진해야 합니다.
산업적 접근의 성격 역시 건물과 장서 중심을 넘어 도서관
산업을 구성하는 장비, 기기 등 하드웨어적 요소뿐만 아니라
디자인, 서비스, 마케팅, 브랜딩 등 소프트웨어적 요소까지도
적극적으로 고려할 필요가 있습니다.

    대한민국의 도서관 산업은 이미 충분한 역량을 갖추고
있습니다. 이제는 K-Library라는 이름 아래 국내에 국한되지
않고 세계 도서관 산업 시장으로의 확장을 도모해야 할
시점입니다. 지속가능한 도서관, 혁신하는 도서관, 공공성과
산업성을 조화롭게 아우르는 도서관이 되기 위해서는
도서관 생태계를 구성하는 모든 이해관계자가 새로운 역할을
인식하고 협력 구조를 구축해야 합니다. 무엇보다 도서관이
단순히 문화시설이 아닌 국가 지식기반을 구성하는 주체로
자리매김하기 위해선 위와 같은 산업 개념을 도서관에
도입하는 게 우선일 것입니다.

# 글을 마치며

## 독서문화 진흥 정책의 중요성

　인류는 오랜 시간 책을 통해 지식을 공유하고 이를 축적해왔습니다. 그리고 이 지식은 언제나 문명의 발전을 이끄는 원동력이 되어왔습니다. 도서관은 바로 이를 담고 나누는 그릇으로, 시대를 막론하고 모든 사람에게 열린 지식의 공간이자 문화의 중심으로 자리합니다. 그렇기에 공공도서관 정책의 핵심에는 항상 독서문화 진흥이라는 가치가 빠지지 않습니다. 공공도서관은 단순히 책을 비치하는 공간이 아닌, 시민 누구나 책과 함께 사고하고 성장할 수 있도록 돕는 독서문화 진흥 정책 추진을 위한 핵심 기관으로서 역할하며, 거기에 그 중요성이 있습니다.

　서울야외도서관 역시 이러한 철학 위에서 출발했습니다. 전통적인 도서관의 경계를 넘어 거리와 광장에서 책과 시민이 자연스럽게 만나도록 설계된 서울야외도서관은 혁신적이고 다양한 서비스를 통해 '책 읽는 도시, 서울'이라는 비전을 구현하고 있습니다. 그리고 그 중심에는 언제나 독서문화의 확산과 생활화라는 본질적인 목표가 자리하고 있습니다.

2006년 12월 28일 제정된 「독서문화진흥법」은 독서문화의 중요성을 국가 정책 차원에서 명확히 규정하고 있습니다. 이 법은 독서문화 진흥의 목적을 국민의 지적 능력을 높이고 건전한 정서를 함양하며 평생학습의 토대를 마련함으로써 국가 경쟁력을 강화하는 데 두고 있습니다. 또한 모든 국민에게 균등한 독서 활동의 기회를 보장함으로써 삶의 질을 향상시키는 데 기여할 것을 요구하며, 독서문화 진흥을 국가와 지방자치단체가 함께 책임져야 할 책무로 규정하고 있습니다.

사전적으로 독서는 책을 읽는 행위를 뜻합니다. 그러나 법에서 정의하는 '독서문화'는 훨씬 넓은 의미를 포함하고 있습니다. 「독서문화진흥법」은 독서문화를 "문자를 사용하여 표현된 것을 읽고 쓰는 활동을 중심으로 이루어지는 정신적 문화 활동"이라고 정의하고 있으며 그 결과물까지 포함하는 포괄적 개념으로 봅니다. 이 법에서는 독서자료의 범위를 인쇄 자료뿐 아니라 시청각 자료, 전자 자료, 장애인을 위한 특수 자료까지 확장하고 있습니다. 즉 독서 자료는 도서와 연속간행물에 한정되지 않으며 모든 형태의 문자를 활용한 자료를 포괄하는 유연한 개념으로 규정됩니다. 이는 디지털 시대의 다양한 매체 변화까지 포섭할 수 있도록 마련된 법적 틀이라 할 수 있습니다.

독서에 대한 학문적 정의 또한 다양한 시각에서 제시되고 있습니다. 좁은 의미에서는 문자 해독을 중심으로 하는 읽기 행위로 이해되지만, 넓은 의미에서는 필자의 함의를 독자가 자신의 경험, 지식, 맥락을 통해 새롭게 구성하고 해석하는 커뮤니케이션의 과정으로 설명됩니다. 이로써 독자는 단순히 정보를 수용하는 존재를 넘어 글을 분석하고 종합하며, 추론하고 판단하는 능동적 사고의 주체로 자리매김하게 됩니다.

    독서는 개인의 내면을 성장시키는 동시에 공동체를 건강하게 만드는 과정이 됩니다. 독서는 자신과 세상을 향한 호기심에서 출발합니다. 그 호기심은 책을 통해 세상과 대화하게 만들며 독자가 스스로 질문을 던지고 사고의 폭을 확장하는 힘을 길러줍니다. 그리고 이러한 질문은 더 나은 사회를 향한 고민으로 이어져 다시금 사회 구성원으로서의 책임과 역할을 자각하게 만듭니다. 이에 책을 읽는 사람은 독서를 통해 문제를 인식하고 변화의 가능성을 모색하는 시민으로 성장할 수 있습니다. 독서문화 진흥의 필요성이 커지는 이유 역시 여기에서 찾을 수 있습니다.

    앞에서 강조했듯, 독서문화 진흥은 단지 권장 사항이 아니라 국가와 지방자치단체가 실질적으로 이행해야 할 공적 책무입니다. 「독서문화진흥법」은 모든 국민이 독서 자료에 자유롭게 접근할 수 있도록 하고 균등하게 독서문화 활동을 누릴 수 있도록 필요한 여건을 마련해야 한다고 명시하고 있습니다. 특히 지방자치단체장은 주민들이 일상에서 자연스럽게 독서를 실천할 수 있도록 독서 기반 시설을 확충하고 지속적으로 지원할 책임을 갖고 있습니다.

그러나 현재 우리 사회의 독서 환경은 위기에 직면해 있습니다. 2023년 「국민독서실태조사」에 따르면 종이책·전자책·오디오북 중 최근 1년간 한 권이라도 읽은 사람의 비율을 의미하는 종합 독서율은 43%에 불과합니다. 이는 2013년의 72.2%에 비해 30% 가까이 하락한 수치로 독서 기반이 크게 약화하고 있음을 보여줍니다. 연령대별 독서율을 살펴보면 20대가 74.5%, 30대 68.0%, 40대 47.9%, 50대 36.9%, 60대 이상은 15.7%로 연령대가 높아질수록 독서율이 급격히 낮아지는 경향을 보이고 있습니다. 이러한 현상은 독서문화 진흥이 시급한 사회적 과제임을 시사합니다.

지금 가장 필요한 것은 책을 읽자는 구호 대신 우리의 일상에 독서가 자연스럽게 스며들 수 있는 환경을 조성하는, 보다 실질적인 정책입니다. 도서관의 공간 개념을 확장하고 다양한 매체를 통해 독서의 문턱을 낮추며 세대별로 특화된 독서 프로그램을 운영하는 등 더 창의적이고 혁신적인 접근이 필요합니다. 책은 앞으로도 시민을 키우고 사회를 변화시키는 가장 조용하지만 강력한 힘이 될 것입니다. 변화하는 시대 속에서도 변하지 않는 공공의 가치인 독서문화, 모든 국민이 이 중요한 가치를 누릴 수 있도록 하는 것은 국가와 사회가 함께 책임져야 할 중요한 과제입니다.

# 우리 민족의 독서 전통, 독서당

　오늘날 서울시 용산구 한남동에서 성동구 행당동까지 이어지는 도로의 이름은 독서당로입니다. 독서당로라는 도로명은 성동구 옥수동에 있던 동호독서당(東湖讀書堂)에서 유래합니다. 무심코 지나칠 수 있는 이 독서당이라는 곳은 우리 역사에서 독서가 개인의 수양을 넘어 국가의 미래를 설계하는 중요한 행위였음을 상기시키는 문화유산이라 할 수 있습니다. 독서당의 시작은 1462년 세조 시기로 거슬러 올라갑니다. 당시 조정에서는 젊고 유망한 문신들에게 사가독서제(賜暇讀書制)를 실시했습니다. 이는 일정 기간 관직에서 벗어나 오롯이 독서에만 전념할 수 있도록 독서 휴가를 주는 제도였습니다. 요즘 시대에도 보기 드문 이 파격적인 제도는 당시 조선이 얼마나 독서를 국가 운영의 핵심 도구로 여겼는지를 보여줍니다.

　초기에는 관료들이 각자의 집에서 책을 읽었지만 점차 독서에 몰두할 수 있는 환경이 필요하다는 인식 아래 사찰로 장소를 옮겼습니다. 종로의 장의사, 은평구의 진관사 등에서 독서가 이루어졌고 이후 조선의 왕들은 보다 체계적인 독서 공간을 마련하기 시작했습니다. 그중 동호독서당은 중종이 1517년 현재의 독서당로 인근에 설치한 기관입니다.

　독서당은 국가가 직접 운영한 독서 전문기관이었습니다. 정윤희와 김민주는 「독서당의 독서문화사적 의미와 활용

방안 연구」(2020)에서 다음과 같이 정리합니다. "독서당은 왕이 국정을 위한 철학으로서 독서의 중요성을 널리 알리고 실천한 상징적 공간이었다. 독서당은 양질의 책이 모인 도서관이자 인재들이 최고의 환경에서 독서하고 집필할 수 있도록 한 지적 공간이었으며 여기서 길러진 인물들이 당대 지식문화에 기여했다".

이렇듯 독서당은 독서 진흥을 넘어 독서를 통해 인재를 양성하고 국가의 철학과 문화 수준을 끌어올리려는 실천의 현장이자 상징적 공간이었습니다. 독서당의 전통은 조선 후기에 들어 정조가 세운 규장각으로 계승되며 새로운 형태로 이어졌습니다. 규장각은 독서당의 정신을 잇는 국왕 중심의 학술·정치 중심기관으로 학문과 정책이 연결되는 공간이었습니다. 이러한 독서당의 정신은 오늘날 도서관 정책, 독서문화 진흥 정책 그리고 서울야외도서관 같은 혁신적인 독서 서비스 모델 속에서 다시 새롭게 조명되고 있습니다.

## 책 읽는 시민이 답이다!

지식과 정보를 바탕으로 지속가능한 미래를 추구하는 것은 오늘날 도서관의 시대적 사명이자 국제적인 연대의 목표입니다. 국제도서관협회연맹과 유네스코가 공동으로 채택한 「IFLA/UNESCO 공공도서관 선언」에서는 이렇게 강조하고 있습니다. "자유와 번영, 사회와 개인의 발전은 민주적 권리를 행사하고 사회에서 적극적인 역할을 할 수 있는 정보에 정통한 시민의 역량을 통해서만 실현될 수 있다." 이 비전을 실현하기 위해 우리는 반드시 책을 읽는 시민, 즉 지식과 정보를 스스로 습득하고 삶에 적용할 줄 아는 능동적인 시민을 길러야 합니다.

그래서 저는 전국 공공도서관의 통합 슬로건을 다음과 같이 제안하고 싶습니다.

**"책 읽는 시민이 답이다!"**

여기서 쓰인 대답 답(答)이라는 한자는 단단하고 곧은 식물인 대나무(竹)를 합쳐(合) 만든 무언가에 의견을 적어 전달한다는 의미에서 비롯되었습니다. 그래서 '답'은 공동체성이 짙은 행위이자 그 자체로 힘이 있는 개념으로 통용됩니다. 사실 이 한자의 원형은 대나무 대신 풀 초(艸)가 쓰인 '荅'으로, 이는 연약한 풀 다발을 의미합니다. 결국 한자의 역사로만 봐도 연약한 풀들이 시간의 흐름에 따라 단단한 대나무 군락이 될 때 '강력한 응답'으로서의 의미를 갖출 수 있는 것입니다.

개개인의 시민은 연약한 풀과 같습니다. 그렇기에 예로부터 민중은 민초(民草)라 불리곤 했습니다. 그러나 이 민초가 책을 통해 정보와 지식을 습득하고 사회 발전과 민주주의에 능동적으로 참여하게 되면, 대나무처럼 단단하고 곧은 힘을 갖게 됩니다. 이러한 시민들이 모여 형성하는 집단적 의견, 즉 여론(輿論)이 바로 현대 민주주의에서의 '답'이 되는 것입니다. 동서고금을 막론하고 지나간 역사를 돌이켜보면 연약한 풀이 대나무가 되는 과정은 필연과도 같았습니다. 개개인이 모이면 공동체의 힘을 이룰 수 있듯, 결국 '책 읽는 시민이 답이다'라는 말은 독서를 통해 성장한 시민들이 여론을 형성하는 민주공화국의 주권자로 우뚝 서는 과정을 함축합니다.

우리 헌법 제1조는 다음과 같이 선언하고 있습니다. "대한민국은 민주공화국이다. 대한민국의 주권은 국민에게 있고, 모든 권력은 국민으로부터 나온다". 민주공화국에서 힘의 원천은 국민입니다. 그 국민이 제대로 판단하고, 참여하고, 변화시킬 수 있도록 하는 가장 근본적인 힘이 바로 독서입니다. 그리고 도서관은 그 독서가 가장 잘 이루어질 수 있는 공간입니다.

'책 읽는 시민이 답이다'라는 슬로건은 도서관이 꿈꾸는 지식 기반 사회를 향한 비전입니다. 도서관은 더 이상 단순한 책 보관소가 아니라 시민이 지식으로 깨어나고 성장하는 민주주의의 플랫폼이어야 합니다.

# Reading Seoul, Leading Seoul!

 서울야외도서관은 책 읽는 시민이 도시를 바꾸고 민주주의를 실현해가는 참여의 장입니다. 이렇듯 서울(야외)도서관은 독서문화 진흥을 통해 주체적 시민의 형성과 성장을 추구하고 있으며 저는 그러한 시민의 다양한 참여야말로 진정한 민주주의의 토대라고 믿습니다. 이것이 바로 공공도서관이 추구해야 할 핵심 사명입니다.

 이러한 철학과 실천 의지를 담아 저는 서울도서관의 슬로건을 다음과 같이 제안합니다.

**'Reading Seoul, Leading Seoul!'**
**'책 읽는 서울, 대한민국과 세계를 이끄는 서울!'**

 이 슬로건은 단순한 문구가 아닙니다. 서울이 전국은 물론 세계의 독서문화 진흥 정책을 선도하는 모범적인 지방자치정부가 되기를 바라는 간절한 마음이자, 공공도서관 사서로서 저 자신에게 다짐하는 문장입니다. 서울야외도서관이 앞으로도 서울 시민의 여론과 상상력이 자유롭게 흐르는 지역사회의 마당이자, 모두가 참여할 수 있는 열린 공론장의 모델이 되기를 기원합니다. 아울러 공공도서관의 지속가능성과 사회적 가치를 확장하는 혁신적인 서비스 모델로 자리매김하길 바랍니다.

# 'Reading Korea, Leading Korea!' 프로젝트

'Reading Seoul, Leading Seoul!' 슬로건은 'Reading Korea, Leading Korea!' 프로젝트로 좀 더 확장해서 볼 수 있습니다. 이제 K-Culture는 세계의 보편적 현상이라 일컬을 만큼, 대한민국 문화에 대한 전 세계적인 관심은 날이 갈수록 높아지고 있습니다. 한강 작가의 노벨문학상 수상 이후 대한민국 문학 역시 주목 대상이 되었습니다. 실제로 해외 도서관을 방문했을 당시 현지에서도 한국어 책에 대한 수요가 증가하고 있다는 사실을 알 수 있었습니다. 그러나 수요에 비해 공급은 매우 부족한 실정입니다. 따라서 외국을 방문하는 대한민국 국민 누구나 쉽게 한국어 책을 기부할 수 있도록 해당 프로젝트를 제안합니다. 외국에 한글 책을 기부하고 싶어도 방법을 모르거나 복잡한 절차 때문에 그 과정이 원활하지 못한 경우가 많습니다. 또한 책은 무게가 무거워 많은 분량을 한꺼번에 기부하는 데에도 여러 가지 문제가 발생합니다.

따라서 해외 정부 혹은 공항 운영자와의 협의를 거쳐 한국인이 자주 방문하는 공항마다 한국어 책 기부 박스를 설치하는 방법을 제안합니다. 이를 'Reading Korea, Leading Korea! 기부 박스'라고 명명하고, 대한민국 대사관이나 영사관 혹은 문화센터가 책임지고 관리하는 것입니다. 한국어 책을 정기적으로 해외 학교나 도서관에 기부하는 과정은 곧 대한민국의 독서문화와 한글 콘텐츠를 효과적으로 알릴 수 있는 일이 됩니다. 나아가 아이들이 자기가 감명 깊게 읽은 그림책이나 동화책을 기부하는 경험은 곧 우리 모두 연결되어 있다는 자각으로 이어져 성숙한 세계 시민으로서 성장하는 계기를 마련할 것입니다. 이 프로젝트가 원활히 이루어진다면 아마 다른 나라들도 참여하여 책 기부 박스 운영이 체계화되지 않을까 싶습니다.

    도서관은 전국 곳곳을 촘촘히 연결하는 생활밀착형 공공재입니다. 누구나 편안하게 접근할 수 있는 지식과 정보의 최전선, 이 공공재의 주인은 바로 시민 여러분입니다. 도서관 혁신은 우리 도서관인들의 사명이지만 그 진정한 동력은 시민의 관심과 지지에서 비롯됩니다. 저는 뉴욕공공도서관을 위해 적극적으로 행동했던 뉴욕 시민들의 모습처럼 이 글을 읽고 계신 여러분이 서울도서관의 정책을, 나아가 대한민국의 도서관 정책을 지지하고 함께 걸어가는 동반자가 되어주시길 간절히 바랍니다.

    서울도서관 사서로서 그리고 공공도서관의 가치를 믿는 한 사람으로서 서울도서관 관계자들은 앞으로도 더 나은 공공도서관, 더 많은 책을 읽는 시민의 시대를 위해 최선을 다하겠습니다.

**그림 출처**

'도서관은 쿨하다' / '도서관은 핫하다' 포스터 : 서울도서관 제공
폴 고갱, 우리는 어디서 왔고, 우리는 무엇이며, 우리는 어디로 가는가 : 위키피디아
슈투트가르트 시립도서관 전경 : 셔터스톡 Uwe Aranas
슈투트가르트 시립도서관 내부 : 오지은 제공
싱가포르 푸난 쇼핑몰의 건물을 관통하는 자전거길 : 오지은 제공
시부야 미야시타 공원 재개발 : 오지은 제공
서울시 휘장 : 서울시청 홈페이지
서울야외도서관 로고 / 〈책읽는 서울광장〉, 〈광화문 책마당〉, 〈책읽는 맑은냇가〉
현장 스케치 및 로고 / 2025 서울야외도서관 포스터 시리즈 : 서울도서관 제공
〈책읽는 서울광장〉, 〈광화문 책마당〉, 〈책읽는 맑은냇가〉 브랜드 슬로건, 로고와
핵심 개념 : 서울도서관 홈페이지
노르마르카숲의 미래도서관 표지판, 다이크만도서관 내부의 미래도서관 공간 :
이주현 제공

**참고 자료**

Cox, A. M., Pinfield, S., & Rutter, S. (2019). The intelligent library: Thought leaders' views on the likely impact of artificial intelligence on academic libraries. Library Hi Tech, 37(3), 418-435.

Investment in Libraries 홈페이지
https://investinlibraries.org/

한국보건산업연구원
https://www.kihasa.re.kr/

Frey, C. B., & Osborne, M. A. (2017). The future of employment: How susceptible are jobs to computerisation?. Technological forecasting and social change, 114, 254-280.

Lund, B. D., & Wang, T. (2023). Chatting about ChatGPT: how may AI and GPT impact academia and libraries?. Library Hi Tech News, 40(3), 26-29.

도서관법
https://law.go.kr/%EB%B2%95%EB%A0%B9/%EB%8F%84%EC%84%9C%EA%B4%80%EB%B2%95

국가도서관 통계시스템
https://www.libsta.go.kr/main

한국도서관협회
https://www.kla.kr/

느티나무재단
https://www.neutinamu.org/index_1.php

ALA의 도서관이 지역사회를 세운다(LBC) 사이트
https://www.ala.org/aboutala/offices/cro/projectsandactivities/librariesbuildcommunities

ALA의 회원 이니셔티브 모임(MIG) 사이트
https://www.ala.org/aboutala/mcoms/migs

ALA의 도서관 변혁 캠펜인
https://www.ala.org/advocacy/libraries-transform-campaign

WEF의 2022, 2023, 2024 세계 위험 보고서
https://www.weforum.org/publications/global-risks-report-2024/
https://www.weforum.org/publications/global-risks-report-2023/
https://www.weforum.org/publications/global-risks-report-2022/

IPCC의 제6차 평가보고서
https://www.ipcc.ch/assessment-report/ar6/
대한민국 외교부. (2023). 공동보도자료 : 기후변화에 관한 정부 간 협의체, 제6차 평가보고서 종합보고서 승인.

UN 배출량 격차 보고서 2024
https://www.unep.org/resources/emissions-gap-report-2024
braries/

IFLA의 환경, 지속가능성과 도서관 분야
https://www.ifla.org/units/environment-sustainability-and-li

UN의 지속가능 개발 목표
https://sdgs.un.org/goals

UN의 파리협약
https://www.un.org/en/climatechange/paris-agreement

IFLA의 녹색(친환경)도서관
https://www.ifla.org/the-green-library-website/

IFLA의 녹색(친환경)도서관 체크 리스트
https://www.ifla.org/the-green-library-checklists-project/

IFLA의 녹색(친환경)도서관상
https://www.ifla.org/g/environment-sustainability-and-libraries/ifla-green-library-award/

IFLA의 2023년 녹색(친환경)상 평가기준
https://www.ifla.org/g/environment-sustainability-and-libraries/ifla-green-library-award-2023-evaluation-criteria/

위키피디아: 폴 고갱
https://ko.wikipedia.org/wiki/%ED%8F%B4_%EA%B3%A0%EA%B0%B1#/media/%ED%8C%8C%EC%9D%BC:Gauguin_-_D'ou_venons-nous_Que_sommes-nous_Ou_allons-nous.jpg


장회익. (2014).『생명을 어떻게 이해할까? 생명의 바른 모습, 물리학의 눈으로 보다』 한울아카데미.

Stuttgart 시립도서관 홈페이지
https://stadtbibliothek-stuttgart.de/aDISWeb/app?service=direct/0/Home/$DirectLink&sp=SOPAC

IFLA 사명 등
https://www.ifla.org/vision/

IFLA 공공도서관 선언 한글 공식 번역본
https://repository.ifla.org/items/d144309f-a1b0-4853-a29d-e8068eaf7839

싱가포르 후난 쇼핑몰
https://www.capitaland.com/sg/malls/funan/en.html

시부야 미야시타 공원
https://www.miyashita-park.tokyo/

서울시 휘장
https://www.seoul.go.kr/seoul/emblem.do

서울야외도서관
https://seouloutdoorlibrary.kr/user/main/mainIndex.do

국제협력기구 공공혁신협의체의 서울도서관 혁신 사례 소개
https://oecd-opsi.org/innovations/seoul-outdoor-library-the-worlds-first-model-where-the-concept-of-the-library-space-is-expanded-from-the-inside-a-building-to-the-outdoor-space/

Great place to work
https://www.greatplacetowork.com/our-model

가디언지의 기사
https://www.theguardian.com/books/2024/feb/09/reading-is-so-sexy-gen-z-turns-to-physical-books-and-libraries

카이아 거버의 라이브러리 사이언스
https://libraryscience.net/
https://www.service95.com/

두아 리파의 서비스95
https://www.service95.com/

리즈의 북클럽
https://reesesbookclub.com/

엠마 로버츠의 벨레트리스트
https://www.goodreads.com/list/show/137969.All_Belletrist_Book_Club_Picks

팝슈거 기사
https://www.popsugar.com/entertainment/books-characters-read-on-gossip-girl-reboot-48373009

힙독클럽
https://seouloutdoorlibrary.kr/user/hipdok/recruit/hipdokRecruitIntro.do

비블리오테카 데이아 쿠치나 도서관
https://www.museodellacucina.com/

아이린 루위손 의상참고도서관
https://www.metmuseum.org/art/libraries-and-research-centers/the-irene-lewisohn-costume-reference-library

왕립 영국건축가협회 도서관
https://www.architecture.com/contact-and-visit/riba-library?srsltid=AfmBOor-cpHhoXUFs-IQIG3kbZwc3GXnT8d61SOPz_CfHcqdY51rYtLn

빌리 아일랜드 만화 도서관
https://cartoons.osu.edu/


의정부음악도서관
https://www.uilib.go.kr/music/index.do

의정부미술도서관
https://www.uilib.go.kr/art/index.do

오산소리울도서관
https://www.osanlibrary.go.kr/soriul/main.do

순천만생태문화교육원 생태인문도서관
https://jseco.jne.go.kr/menu.es?mid=d40401010000

라이브러리 티티섬
https://ttsome.org/ttsome/main

노르웨이의 미래도서관
https://www.futurelibrary.no/

노르웨이 오슬로 시립 다이크만도서관
https://deichman.no/bibliotekene/bj%C3%B8rvika

문화체육관광부, (2009). 『공공도서관의 경제적 가치 측정 연구』

독서문화진흥법
https://www.law.go.kr/LSW/lsSc.do?section=&menuId=1&subMenuId=15&tabMenuId=81&eventGubun=060101&query=%EB%8F%85%EC%84%9C%EB%AC%B8%ED%99%94%EC%A7%84%ED%9D%A5%EB%B2%95#undefined

2023년 국민독서실태조사
https://www.mcst.go.kr/kor/s_policy/dept/deptView.jsp?pDataCD=0406000000&pSeq=1920

대한민국 헌법
https://www.law.go.kr/LSW/lsSc.do?section=&menuId=1&subMenuId=15&tabMenuId=81&eventGubun=060101&query=gjsqjq#undefined